Lesefreunde 3

Ein Lesebuch
für die Grundschule

Herausgegeben von
Irene Hoppe

Erarbeitet von
Kerstin Granz
Marion Gutzmann
Irene Hoppe
und der Redaktion Primarstufe

VOLK UND WISSEN

Lesefreunde 3

Herausgegeben von
Irene Hoppe

Erarbeitet von
Kerstin Granz, Marion Gutzmann, Irene Hoppe

Unter Einbeziehung der Ausgabe von
Kerstin Granz, Marion Gutzmann, Irene Hoppe

Unter Beratung von
Simone Adler (Pirna), Dagmar Diewald (Altenburg), Colette Hoffmann (Magdeburg), Katrin Junghänel (Zwickau), Heike Keitel (Wittenberg), Sigrun Nowak (Hohen-Neuendorf), Gerhild Schenk (Werneuchen)

Redaktion: Mirjam Löwen, Monika Gade
Bildredaktion (Fotos): Peter Hartmann
Illustrationen: Katharina Knebel, Christa Unzner (Magazin, Lesetraining), Uta Bettzieche (Hund + Detektiv), Originalillustrationen
Umschlaggestaltung: tritopp, Berlin
Layout und technische Umsetzung: tritopp, Berlin

www.vwv.de

1. Auflage, 2. Druck 2011

Dieses Werk berücksichtigt die Regeln der reformierten Rechtschreibung

Alle Drucke dieser Auflage sind inhaltlich unverändert und können im Unterricht nebeneinander verwendet werden.

Druck: CS-Druck CornelsenStürtz, Berlin

ISBN 978-3-06-081149-6

Inhalt gedruckt auf säurefreiem Papier aus nachhaltiger Forstwirtschaft.

Inhalt

In der Schule

7 Endlich!
8 Lesetraining: So kannst du Wörter klären, die du nicht verstanden hast
9 Schulsteckbrief von Benjamin
10 Ferienfundstücke · *Martin, Alexander, Jerôme, Sandra*
12 Zwei Stifte · *Jörg Schubiger*
13 Wir · *Irmela Brender* Die Brücke · *Renate Welsh*
14 Vimala · *Petra Mönter*
15 Aus einem anderen Land · *nach Sabine Strudlik*
16 Ein schlimmer Tag für Moritz · *Christa Kožic*
17 Noten, Noten, Noten … · *Paul Maar*
18 Magazin: In der Schule Notenbeschwörung · *Paul Maar*
19 Rate mit · *Theodor Eberle/Paul Maar*
20 Ein Außerirdischer in der Schule · *Bruno Blume*
22 Auch Hundekinder gehen in die Schule
24 Der schönste erste Satz · *Johann Engelhardt, 8 Jahre; Hagar Abdulmajid, 6. Klasse*
25 Ein Guckloch in dein Buch
26 Lesevergnügen · *Gottfried Herold*

Im Herbst

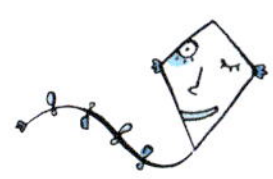

27 Septembermorgen · *Eduard Mörike*
28 Lesetraining: So kannst du Informationen in Texten finden
29 Der letzte Apfel am Apfelbaum · *Jurij Korinetz*
Der größte Apfel der Welt · *nach Annemarie Quehl/Rosemarie Krichbaum-Steuber*
30 Der Herbst steht auf der Leiter · *Peter Hacks*
31 Der Tausch · *Erwin Strittmatter*
32 Kirschkerne spucken · *Gerald Jatzek* Gegen den Wind · *Josef Guggenmos*
33 Südamerikanischer Windvogel Wenn der Wind müde wird · *Heinz Janisch*
34 Der Sturm · *Marleen Westera*
36 Magazin: Im Herbst
38 Halloween
39 Spiele für die Halloween-Party
40 November · *Alfons Schweiggert, Rudolf Wehren, Eva Strittmatter, Christian Morgenstern, Friedrich Güll, Volksgut*

Miteinander leben

41 Wen du brauchst · *Regina Schwarz*
42 Lesetraining: So kannst du dich in die Gefühle und Gedanken der Figuren eines Textes hineinversetzen
43 Worüber der Franz unzufrieden ist · *Christine Nöstlinger*
44 Steckenpferde · *Eoin Colfer*
46 Wut · *Mirjam Pressler*
47 Nach einem Streit · *Gerda Anger-Schmitt* Wunder des Alltags · *Hans Manz*
48 Oma kann sich nicht erinnern · *Saskia Hula*
49 Meine Oma – mein Opa · *Felix, Anja, Andreas, Jasmin, Annabel*
50 Magazin: Miteinander leben
52 Fabelhaftes – drei Fabeln: Der Zeisig und die Taube · *Iwan Krylow*
Von einer Maus, die einen Löwen befreit · *Max Bolliger*

53 Die beiden Ziegen · *K. D. Uschinski*
54 Zu Hause · *Justus, 8 Jahre*

Märchenzeit
55 Die Märchen · *Rose Ausländer*
56 Lesetraining: So kannst du Merkmale von Märchen erkennen
57 Die drei Wünsche · *Elsässisches Märchen*
58 Märchen-Basteleien
60 Die diamantene Axt · *Litauisches Märchen*
62 Die Brüder Grimm   Der Froschkönig · *Brüder Grimm*
66 Magazin: Märchenzeit
68 Am Schneesee · *Franz Fühmann*
70 Märchen-Merkspiel

Im Winter
71 Der Winter · *Mascha Kaléko*
72 Lesetraining: So kannst du Texte vergleichen und unterscheiden
73 Zweimal Winter · *Clive Staples Lewis*
74 Raureif · *Josef Guggenmos*   Silberschatz · *Nicole*
Im Glanz der Kälte · *Isabelle*   Der Schatz im Garten · *Melanie*
75 Wenn es Winter wird · *Christian Morgenstern*
76 Magazin: Im Winter
78 Winterliche Eigenheiten
79 Dezemberkalender · *Hartmut Kulick*
80 Guten Abend, schön Abend · *aus Kärnten/Ilse Naumilkat*
Winterwunschnacht · *Fritz Deppert*
81 Legende vom Nikolaus   Die arme Familie · *Roland Rosenstock*
Nikolaus wirft Goldkugeln · *Verona, S. Zeno Maggiore, um 1350*
82 Hilfe, die Herdmanns kommen! · *Barbara Robinson*
84 Silvester · *Jutta Richter*
85 Glücksboten für das neue Jahr   Der Schuh vom Pferd
Vierblättriger Klee   Das Glücksschwein
86 Lied der Eiszapfen · *Friedl Hofbauer*

Das tut mir gut
87 Sich regen · *Christine Nöstlinger*
88 Lesetraining: So kannst du lernen, das Wichtige in einem Text zu erkennen
89 Ronja Räubertochter · *Astrid Lindgren*
90 So im Schatten liegen möchte ich · *Erwin Moser*   Einfach alles · *Klaus Kordon*
91 Was gemütlich ist · *Roswitha Fröhlich*   Faulenzen · *Josef Reding*
92 Kinder und ihre Hobbys · *Luise, Max, Kim*
93 Kinder-Dialog · *Rolf Krenzer*
94 Magazin: Was mir gut tut
96 Ein tolles Gefühl · *Annette Mierswa*
97 Liebkoselied · *Monika Ehrhardt*   Trost-Tipp aus Guatemala
98 Ab heute sind wir cool · *Susann Opel-Götz*
100 Come sta? Sto bene · *Josef Guggenmos*

Früher und heute

101 Hat alles seine Zeit · *Johann Wolfgang von Goethe*
102 Lesetraining: So kannst du schnell einen Überblick gewinnen, worum es in einem Text geht
103 Klassen-Ordnung
104 Bildgeschichten · *Wilhelm Busch*
106 Magazin: Früher und heute   Rätsel für Schulkinder · *Volksgut*
108 Rund ums Leder · *nach Ursi Zeilinger*
109 Ein schweres Spiel für die Wilden Fußballkerle · *Joachim Massanek*
110 Sagenhaftes – drei Sagen: Wie Riesa zu seinem Namen kam · *aus Sachsen*
Wie Dabel zu seinem Namen kam · *aus Mecklenburg-Vorpommern*
111 Wie Köpenick zu seinem Namen kam · *aus Berlin-Brandenburg*
112 Ein Zwiegespräch aus alter Zeit · *Gustav Falke*

Im Frühling

113 Leise zieht durch mein Gemüt · *Heinrich Heine*
114 Lesetraining: So kannst du einen Text auswählen
115 Wenn es Frühling wird ...   Frühling · *Hilga Leitner*   Einzug des Frühlings · *Albert Gabriel*
116 Bullerbü im Frühling · *Astrid Lindgren*
118 So geht es in Grönland · *Josef Guggenmos*   April · *Heinrich Seidel*   Aufpassen: 1. April!
119 Das Wolkenbuch · *Christa Wißkirchen*   Frühlinter · *James Krüss*
120 Der Löwenzahn · *Heinz Kahlau*   Die Gießkanne und der Löwenzahn · *Erwin Moser*
Warum sind Löwenzahnblüten gelb? · *Reiner Kunze*
121 Löwenzahnzeit   Löwenzahnversuch
122 Magazin: Im Frühling · *Paul Maar*
123 Osterrätsel · *Rolf Krenzer*
124 Oster-Gedichte zum Verschenken · *Bertold Brecht*   Bastelanleitung für eine Osterkarte

Der Natur auf der Spur

125 Merkvers · *Christine Busta*
126 Lesetraining: Das solltest du über Sach- und Gebrauchstexte wissen
127 Die Buche/Buche
128 25. April – der Tag des Baumes
129 Bruder Baum   Der Baum · *Eugen Roth*
Bruder Ahorn · *Josef Guggenmos*   Der Apfelbaum · *Leo Tolstoi*
130 So sind die Olchis · *Erhard Dietl*
131 Die Olchis im Internet
132 Magazin: Der Natur auf der Spur
134 Zum Beispiel der Fluss · *Gottfried Herold*
Grieselbach-Gedicht · *Friedensreich Hundertwasser*
Das Wasser sucht sich seinen Weg   Künstliche Flüsse
135 Das Wasser · *James Krüss*   Das Wassertröpfchen · *Johann Wolfgang von Goethe*
136 Was verursacht hauptsächlich die Erderwärmung?
137 Werbeplakate für eine gute Sache
138 Stelle dein eigenes Natur-Tagebuch her · *nach Dorothee Zepp*

Wusstest du schon?

139 Kinder stellen viele Fragen · *Monika Thieme*
140 Lesetraining: So kannst du Angebote im Netz nutzen und auswählen
141 www.blinde-kuh.de
142 Warum spuckt die Erde Feuer?

144 Wo findet man Diamanten? Diamantenfieber früher · *nach Rainer Cummenerl*
145 Diamantenfieber heute
146 Magazin: Wusstest du schon?
148 Wie entstehen Wellen? · *Sylvia Buglert*
149 Die große Welle · *Hokusai* Vom Wintersturm · *Ikeniski Gonsui*
Es wütet der Sturm · *Heinrich Heine*
150 Wann erscheint am Himmel ein Regenbogen?
151 Wie der Regenbogen die Vögel färbte · *aus Ecuador/Beate Köhne*
152 Erde · *Rosemarie Künzler-Behncke*

Mit Tieren leben

153 Der Eber ist stets missgestimmt, …
154 Lesetraining: So kannst du einen Text mit eigenen Worten wiedergeben
155 Schwein gehabt · *Uwe Timm*
156 Das Hausschwein
157 Schweinchen dringend gesucht · *Elisabeth Zöller*
161 Das freche Schwein · *Monika Seck-Agthe* Klatschspiel · *KNISTER/Paul Maar*
162 Magazin: Mit Tieren leben
164 Noch mehr Schweinchen · *Kirsten Boie*
166 Ein Glücksschwein aus Papier

Bücher, Bücher, …

167 Ich nahm das kleine Buch · *Frantz Wittkamp*
168 Lesetraining: So kannst du Figuren aus Büchern kennenlernen
169 Herr Taschenbier trifft das Sams · *Paul Maar*
170 Der Lesemuffel – ein erster Blick ins Buch
171 Muffel kann fast alles · *Saskia Hula*
172 Magazin: Bücher, Bücher, …
174 Eine Lesenacht in der Schule
175 Schmökertipps
176 Herr Fuchs mag Bücher · *Franziska Biermann*
178 Bücher aus früherer Zeit
179 Bücher – selbst gestaltet
180 Bücher

Im Sommer

181 Der Sommer · *Christine Busta*
182 Lesetraining: So kannst du dir besser vorstellen, was du liest
183 Wir reißen aus · *Kirsten Boie*
184 Sommergesang · *Paul Gerhardt* Der Sommer schlägt die Federbälle · *Joseph Lichius*
185 Hüpfendes Sommerorchester
186 Magazin: Im Sommer
188 Wahr oder gelogen?
190 Gute Reise, schreib mir mal!
191 Kommissar Kniepels 13. Fall: Ein Dieb im Zug · *Detlef Kersten*
192 Weggehn · *Lutz Rathenow*
193 Abfahrt Apolda
194 Reisewörter · *Tilde Michels* Meine Ferienhits · *Uta Bettzieche*

195 Fachbegriffe (Glossar) · Lösungen
197 Inhalt nach dem Abc
199 Quellen

Lesetraining
Magazin (Leseübung)
Freundeseite

In der Schule

Endlich!
Dritte Klasse!
Ein neues Lesebuch …
Alle sitzen und schmökern.
Lesefreunde.

So kannst du Wörter klären, die du nicht verstanden hast

→ Tipp 1: im Text nachlesen

Lies den Abschnitt,
in dem das unbekannte Wort steht.
Oft findest du eine Erklärung.

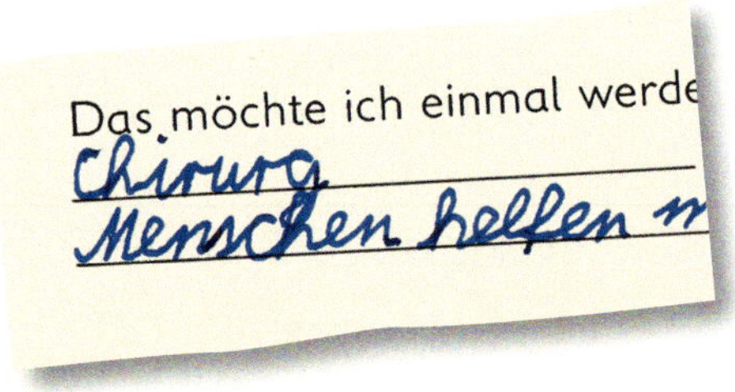

→ Tipp 2: Fußnoten nutzen

Manchmal werden schwierige Wörter
mit einem Sternchen* gekennzeichnet.
Das Wort wird dann unterhalb des Textes erklärt.
Dies nennt man eine Fußnote.

→ Tipp 3: das Wort nachschlagen

Unbekannte Wörter, zu denen es im Text keine Erklärung gibt,
findest du manchmal hinten im Buch aufgelistet in einem Glossar.
Du kannst sie auch in einem Lexikon nachschlagen.

→ Tipp 4: bei einem Experten nachfragen

Du kannst ein Partnerkind, deine Lehrerin oder deine Eltern
fragen, wenn du die Bedeutung eines unbekannten Wortes
wissen möchtest.

Schulsteckbrief von Benjamin

Mein Alter: 9

So heißt meine Schule: Grundschule Am Elbdamm

Was ich an meiner Schule besonders mag: die Pausen, den Schulhof, meine Freunde

Was ich an meiner Schule gerne verändern möchte:
ich hätte gern längere Pausen

In diesem Fach habe ich Spaß am Lernen:
Mathematik, weil ich Zahlen mag.

In diesem Fach fällt mir das Lernen eher schwer:
Sport, weil ich nicht so sportlich bin.

Das hilft mir beim Lernen:
eine kleine Pause

Das möchte ich einmal werden:
Chirurg, weil ich kranken Menschen helfen möchte.

Erkläre das Wort **Chirurg**. Nutze dazu die Seite aus einem Kinderlexikon.

Chip: winzig kleine Plättchen, die Unmengen von Informationen speichern können. Chips verwendet man in allen modernen Geräten, in denen Steuerungen stattfinden; in Computern, Taschenrechnern, Telefonen … Auch auf Telefonkarten ist ein Chip.
Chirurg: Facharzt für Operationen
Chor: In einem Chor singen mehrere Personen gemeinsam mit verschiedenen Stimmen.

Ferienfundstücke

Die Klasse 3a setzt sich in den Gesprächskreis.
Viele haben ein Fundstück aus den Ferien mitgebracht.
Die Kinder legen es in die Mitte und erzählen einander, welche Erinnerung sie damit verbinden.
Doch die Zeit vergeht viel zu schnell.
Nicht alle Kinder kommen an die Reihe, deshalb nutzen einige ihre freie Schreibzeit, um ihre Erinnerungen zu notieren.
Die fertigen Texte hängen die Kinder in der Klasse aus.
So kann sie jeder nachlesen.

Ich war an der Ostsee, wo ganz viele Quallen sind.
Als ich am Strand entlanggelaufen bin,
lagen auf einmal ganz viele Muscheln herum.

Martin

Meine Ferienfundstücke – das sind 9 Schneckenhäuser.
Ich habe sie im Garten gefunden, als ich Fußball spielte.
Am besten gefällt mir die braune Schnecke mit den weißen Punkten.
In unserem Garten gibt es sehr viele Schnecken.
Sie fressen die Pflanzen und klettern an Mauern hoch.

Alexander

Mein Ferienfundstück ist ein Stück Rinde. An einer Einfahrt, die zum Wald führte, haben wir auf unserer Urlaubswanderung Rast gemacht. Der Weg führte zum Lift. Ich bin dort ein Stück entlanggegangen. Links und rechts standen Brombeeren und Erdbeeren. Ein paar Meter weiter lag vor meinen Füßen auf einmal ein ganz dickes Stück Rinde. Und ich nahm das Stück Rinde hoch, und es flüsterte mir ins Ohr: „Nimm mich mit.“ Da nahm ich es mit, und jede Nacht erzählte es mir Geschichten.

Jerôme

Ich war in den Ferien nicht nur an der Ostsee, sondern auch im Wald. Der Wald war ganz still, fast wie auf einem Friedhof. Wir gingen hin und her. Dann entdeckte ich ein Vogelnest auf der Erde unter einer Föhre* und rannte aufgeregt hin. Aber es war kein Vogel mehr darin. Ich kann mir gar nicht vorstellen, dass so ein kleiner Vogel so ein schönes Nest bauen kann. Da hob ich es auf und habe es mit zur Schule genommen.

Sandra

*anderer Name für Kiefer

Suche die Erklärung für das Wort **Föhre**.

Zwei Stifte

Ein Bleistift und ein Farbstift stritten sich, wer von ihnen wichtiger sei. Um zu zeigen, was er konnte, zeichnete der Bleistift ein Ruderboot, ein Segelschiff, ein Floß, ein Kanu, einen Dampfer. Der Farbstift, der ein Blaustift war, malte ein Meer nach dem andern.

Als die beiden müde, durstig und fast stumpf geworden waren, sagte der Farbstift: „Zeichne mir ein Glas, lieber Bleistift, damit ich mein Wasser hineinmalen kann." „Hast du etwas dagegen, wenn ich zwei Gläser zeichne?", fragte der Bleistift.

Jörg Schubiger

Welche Überschrift passt auch zum Text?
Sprecht über die drei Vorschläge in der Lesekonferenz:

- Farbstifte sind am wichtigsten
- Jeder ist wichtig
- Zwei Stifte haben großen Durst

Wir

Ich bin ich und du bist du.
Wenn ich rede, hörst du zu.
Wenn du sprichst, dann bin ich still,
weil ich dich verstehen will.
Wenn du fällst, helf ich dir auf,
und du fängst mich, wenn ich lauf.
Wenn du kickst, steh ich im Tor,
pfeif ich Angriff, schießt du vor.
Spielst du pong, dann spiel ich ping,
und du trommelst, wenn ich sing.
Allein kann keiner diese Sachen,
zusammen können wir viel machen.
Ich mit dir und du mit mir –
das sind wir.

Irmela Brender

Die Brücke

Worte Worte Worte Worte
Worte Worte
Worte Worte
Worte Worte
ICH Worte Worte DU

Renate Welsh

Lächeln …
Lächeln
Lächeln
Ich Du

Denke dir mit einem Partnerkind ein neues Brücke-Gedicht aus. Ihr könnt es auch als Rap sprechen.

Vimala

Die langen Sommerferien waren endlich zu Ende und Henri und ich freuten uns schon auf die Schule. Als wir ins Klassenzimmer kamen, saß eine neue Schülerin da. Zuerst waren wir ganz schön verblüfft. Die „Neue“ sah einfach anders aus, als wir es gewohnt waren. Sie hatte sehr dunkle Haut.

„Haallloo, wiiieee heißt duuu?“, fragte ich sie langsam und deutlich, damit sie mich verstehen konnte. „Mit mir kannst du normal sprechen, ich bin doch nicht blöd“, fauchte sie mich an. „War nicht so gemeint“, sagte Henri. „Ich bin Henri und das ist Ida. Wie heißt du denn?“ „Ich heiße Vimala.“ Und sie erzählte uns, dass sie in Deutschland geboren wurde, dass ihre Eltern aber aus Indien kommen.

In der Pause fragten wir Vimala, ob sie mit uns Verstecken spielen wollte. Klar wollte sie! Vimala sollte uns suchen. Ich versteckte mich hinter dem großen Baum und wartete, ob sie mich finden würde. Vimala zählte laut. Da kamen auf einmal drei ältere Kinder: Lea, Thomas und Mike. Die ärgerten in der Pause immer die Jüngeren, am liebsten aber die türkischen Kinder, die bei uns in der Schule sind. „Wie siehst du denn aus?“, riefen sie laut. „Bist du in einen Farbtopf gefallen?“ Und sie lachten laut. „Lasst mich in Ruhe“, schrie Vimala wütend, aber viele Kinder lachten.

Am Nachmittag spielten wir mit Vimala auf dem Waldspielplatz. Aber leider kamen Lea und ihre Freunde auch dorthin. Als sie Vimala sahen, riefen sie: „Heee, Ausländer haben hier nichts zu suchen!“ Sie fanden das sehr lustig. Wir wollten gerne ein bisschen schaukeln und hatten gar keine Lust wegzugehen. Da warfen sie Vimalas Jacke in die Luft. „Hol sie dir doch, du Neger!“, schrien sie und lachten. Vimala war wütend. Aber bevor sie etwas sagen konnte, rannten Lea und ihre Freunde mit der Jacke davon. Da begann Vimala zu weinen. Sie tat mir sehr leid und ich ärgerte mich, dass wir uns nicht getraut hatten, etwas zu sagen.

Am nächsten Tag kam Vimala nicht zur Schule, weil sie Bauchschmerzen hatte. Ich konnte mir schon denken, was für Bauchschmerzen das waren. Die habe ich auch manchmal, wenn ich mich über etwas ärgere. „Vimala hat bestimmt Angst, alleine hierherzukommen“, rief Henri in der Pause.

Wir hatten die ganze Klasse zusammengerufen und überlegten, wie wir Vimala helfen könnten. „Das schaffen wir nur gemeinsam“, meinte auch Carla, unsere Klassensprecherin. Die anderen stimmten ihr zu. Und dann schmiedeten wir einen tollen Plan …

Petra Mönter

Aus einem anderen Land

In Deutschland leben über drei Millionen Kinder, deren Familien aus anderen Ländern gekommen sind. Sie kommen zum Beispiel aus der Türkei, aus dem ehemaligen Jugoslawien, aus Russland und Polen.
Vor 50 Jahren hat man damit begonnen, Menschen aus dem Ausland als Arbeitskräfte nach Deutschland einzuladen. Manche von ihnen sind hiergeblieben und haben Familien gegründet.
Andere kommen, weil sie wegen ihrer Hautfarbe oder wegen ihrer Religion oder wegen ihrer politischen Meinung verfolgt werden. Manche müssen flüchten, weil in ihrem Heimatland Krieg ist. Sie haben Angst um ihr Leben. Bei uns warten sie darauf, wieder in ihre Heimat zurückkehren zu können. Diese Menschen bitten um Asyl*.

nach Sabine Strudlik

*Zufluchtsort

- Wie findest du das Verhalten von Lea und ihren Freunden?
- Wie könnte der Plan aussehen, den sich die Klasse ausdenkt, um Vimala zu helfen? Tausche dich mit anderen in der Lesekonferenz aus.

Ein schlimmer Tag für Moritz

Moritz, neun Jahre alt, ist ein Träumer. Dabei vergisst er oft die Zeit. Und weil er auch noch gründlich ist, dauert bei ihm alles länger, als es die Erwachsenen gerne sehen. Seine Eltern und seine Schwestern sind immer in Eile – ihnen raubt Moritz den letzten Nerv. Und auch der Lehrer ist mit Moritz ganz unzufrieden ...

Einmal kam wieder so ein Tag, da ging schon am Morgen alles schief. Die drei Schwestern von Moritz, deren Namen Suse, Salome und Sina waren, hackten vor der Badezimmertür wie die Hühner auf Moritz herum, weil er angeblich zu lange trödelte.
In der Schule kam Moritz zu spät. Herr Geiger war gerade dabei, Mathearbeiten zurückzugeben. Er sagte nichts, sondern überreichte Moritz sein Heft. Alles richtig, aber nur die Hälfte der Aufgaben geschafft. Also eine Vier. Die dritte im Monat. Vieren tun weh.
„Moritz. Morgen bringst du die Unterschrift von deinem Vater. Ist das klar?"
Herr Geiger sagte es etwas ungemütlich.

In der fünften Stunde war Zeichnen. Thema: Ein Sommertag. Moritz malte eine Waldwiese, auf der viele Vögel herumsaßen. Einige trugen Zylinderhüte*, andere Sommerhüte mit Blumen drauf. Vom Himmel leuchtete eine gemütliche Sonne herunter, mit Haarlocken und Brillenaugen. Moritz machte das Malen richtig Spaß.

Frau Blaschke zwängte sich durch die Reihen und nahm die Zeichnung hoch. „Sonne mit Ohren und Vögel mit Hüten, das gibt es nicht. Was soll dieser Quatsch, Moritz?"
So viel Pech an einem Tag. **Ganz elend war Moritz zumute**. Er musste jetzt allein sein.

Moritz ging in den Park. Dort am Teich konnte man ruhig ins Wasser starren und an nichts denken. Moritz kletterte auf den dicken Stamm der Weide, der sich übers Wasser neigte.

Dann holte Moritz das Matheheft aus der Mappe und blätterte darin. Er schaukelte das Heft zwischen den Fingern und ließ es plötzlich los. Ein großer Schwan stürzte sich darauf und zottelte es hin und her, als wollte er es umblättern.

Und in einer Anwandlung, die sich Moritz später selbst nicht erklären konnte, warf er das Mathebuch hinterher. Zuletzt noch die Zeichnung.

Moritz stromerte noch etwas durch den Park. Gegen halb fünf kam er zu Hause an, wie immer.

Christa Kožic

* hohe schwarze Hüte

Noten, Noten, Noten ...

Hab ich eine Fünf gebaut,
schimpfen meine lieben Eltern
ziemlich lang und reichlich laut.

Schreib ich aber eine Zwei,
fragen die aus meiner Klasse,
ob ich wohl ein Streber sei.

Am besten, alle Noten
würden streng verboten!

Paul Maar

- **Moritz ist elend zumute.** Was bedeutet das? Erkläre.
- Was denkt Paul Maar über Noten? Lies nach.
- Was denkst du? Stelle deine Meinung der Klasse vor.

Lach mal über Schule

Sina sagt zu ihrer Mutter:
„Ich möchte heute zu Hause bleiben.
Ich fühle mich nicht wohl."
Da fragt die Mutter:
„Wo denn, mein Kind?"
Sina antwortet: „In der Schule."

Herr Müller seufzt enttäuscht:
„Ich habe im Lotto schon wieder
keine einzige Zahl richtig."
Darauf sein kleiner Sohn:
„Tröste dich, Papa, mir ging es in
der Mathematikarbeit genauso."

Notenbeschwörung

*Nach Abgabe der Klassenarbeit
zu murmeln:*

*Hirsche und Schweine
haben vier Beine.
Mein Goldfisch hat kein's,
ich will eine EINS!*

Für etwas bescheidenere Schüler:

*Krötenbeine,
Hungersteine,
Rabenschnäbel,
Räubersäbel,
Drachenblut
und Echsenei:
Ich bekomm die Note 2!*

Paul Maar

Lösungen S.196

Brich dir mal die Zunge

Dreiunddreißig Drittklässler aus Dresden drehten
dreizehn drollige Dromedare aus Draht.

In der Baumschule büffelten bei Bullenhitze
Billionen braver Bäumchen.

Hundert hungrige Hunde hetzen hechelnd
von der Hundeschule nach Hause.

Rate mit

Wie heißt dieses große Gebäude nur?
Es hat einen Turm mit einer Uhr.
Wenn wir ein **s** in das Wort einschieben,
wird 's der Name einer Frucht, die wir alle lieben.
Wo das **K** stand, soll ein **H** nun sein:
So heißen Tiere mit großen Geweih'n.

Theodor Eberle

Mit **H** hat sie zwei Beine,
doch geht sie nie alleine.
Mit **R** kann sie dich stechen,
versuchst du sie zu brechen.
Doch setzt du an den Anfang **D**,
enthält sie Milch für den Kaffee.

Paul Maar

Ein Außerirdischer in der Schule

Eines Abends nach dem Eishockeytraining trifft Martin ein sonderbares Wesen, das ihn um Hilfe bittet. Gufidaun ist ein echter Außerirdischer, der mit seinem Schaumschiff auf der Erde notlanden musste. Und weil Gufidaun sich so allein fühlt, nimmt ihn Martin erst einmal mit nach Hause. Am nächsten Tag trottet das dicke Ungetüm mit Martin in die Schule, wo ihn alle auslachen und nicht als Außerirdischen erkennen …

Martin kann sich nicht konzentrieren. Natürlich hat Gufidaun keine Schulsachen und leiht sich alles von Martin. Dabei kann er überhaupt nicht schreiben. Er weiß nicht mal, wie er den Stift halten muss. Als Martin schreiben will, wird er dauernd von Gufidaun angeschubst, der versucht, sein zerknittertes Blatt wieder glatt zu streichen.

Zum Glück haben sie in der zweiten Stunde Sport. Im Umkleideraum macht Gufidaun große Augen. „Warum ziehen alle aus?“, zischt er Martin zu. „Sind müdig?“ Martin lacht. „Nein, wir ziehen uns um“, flüstert er Gufidaun zu. „Aber du kannst so bleiben“, fügt er rasch hinzu, als er sieht, dass Gufidaun ebenfalls seine Hose ausziehen will. „Hey, Dicker, machst du nicht mit?“, ruft Timm von der anderen Seite. „Wahrscheinlich gibt’s keine Sportsachen in der Größe!“ Finn lacht am lautesten über seinen eigenen Witz.

„Warte, ich hab was für dich“, ruft Timm wieder und verschwindet kurz im Duschraum nebenan. Als er zurückkommt, ahnt Martin schon, was er in seinen Händen versteckt hält. Aber er kann nicht verhindern, dass Timm das Wasser aus dem Becher Richtung Gufidaun spritzt. Er trifft zwar nicht, aber das Wasser klatscht an die Wand zwischen Gufidaun und die Tür. Es zischt kurz, und gleichzeitig geht das Licht aus. Schlagartig ist es dunkel. Das Kichern der Jungs verstummt, im Umkleideraum nebenan kreischen Mädchen. Gufidaun sagt leichthin: „Wasser ist schlechtig mit Strom. Muss raus.“ Darauf erklingen aus Gufidauns Richtung kurze schabende Geräusche. Langsam gewöhnen sich Martins Augen an das schwache Dämmerlicht. Er sieht, wie Gufidaun sich an der Wand neben der Tür zu schaffen macht. Die Jungs sitzen oder stehen bewegungslos an ihren Plätzen, bis einer fragt: „Was macht er?“ Aber bevor jemand antworten kann, flammt plötzlich das Licht wieder auf. Gufidaun schraubt die Verblendung der Steckdose an. Danach lässt er den Schraubenzieher verschwinden. Die Jungs starren ihn an. „Warum kannst du das?“, fragt Martin schließlich. Gufidaun versteht nicht, was er meint. „Hab nur trockig gemacht und Strom wieder angesaugt.“

Bruno Blume

- Wähle einen Abschnitt, mit dem du andere neugierig auf das Buch machen willst.
- Bereite diesen Abschnitt als Lesevortrag vor.

Auch Hundekinder gehen in die Schule

Wenn es um die Schule geht, dann unterscheidet sich ein Hundeleben nicht allzu sehr von einem Menschenleben. Veterinäre* empfehlen nämlich, dass auch Hunde eine Hundeschule besuchen sollten.

Dort werden sie, je nach Alter, in Klassen eingeteilt:
- Welpen (3–6 Monate alt)
- Junghunde (6–8 Monate alt)
- fortgeschrittene Junghunde (8–12 Monate alt)

Warum sollen Hunde in die Hundeschule gehen?
In der Hundeschule lernen Hunde die wichtigsten Regeln im Umgang mit den Menschen und anderen Hunden. Ein Hund, der die Hundeschule besucht hat, hört auf seine Besitzer. Aber auch die Besitzer lernen in der Hundeschule, wie sie am besten mit ihrem Hund umgehen.

In der Hundeschule
Die jungen Hunde und ihre Besitzer treffen sich auf einem großen Freigelände. Dort gibt es viel Platz, auf dem die Hunde alles lernen, was sie zu einem gut erzogenen und freundlichen Begleiter des Menschen werden lässt.

Erste Stunde: Gehorchen
Die Welpen müssen die Grundkommandos „Platz“ und „Bei Fuß“ einüben, wenn ihre Besitzer es anordnen. Außerdem lernen sie zu kommen, wenn man sie ruft, und an der Leine zu gehen.

Zweite Stunde: Umweltkunde

Damit sich die Welpen an ihre Umwelt gewöhnen, lernen sie kleine Hindernisse zu überwinden und sich auf unterschiedlichen Untergründen zu bewegen.

Pause

Das Lernen ist auch für Hunde anstrengend. Damit sie nicht überfordert werden, gibt es Pausen, in denen wild getobt werden darf, bevor sich die Hunde wieder konzentrieren müssen.

Dritte Stunde: Sport

Die Welpen toben durch den Tunnel. So haben sie Spaß an der Bewegung und lernen außerdem, ihrem Besitzer zu vertrauen, selbst wenn sie ihn nicht sehen.

Ausgewachsene Hunde klettern und balancieren über Geräte und umlaufen Slalomstangen, um fit zu bleiben.

Loben nicht vergessen!

Für alles, was der Hund gut macht, muss er mit freundlichen Worten gelobt werden. So wird ihm gezeigt, dass sein Verhalten richtig ist und sein Besitzer zufrieden mit ihm ist.

*Tierärzte

Orientiere dich an den Überschriften. Beantworte die Fragen.

- Was lernen die Hundebesitzer in der Hundeschule?
- Warum brauchen junge Hunde beim Lernen immer wieder Pausen?

Der schönste erste Satz

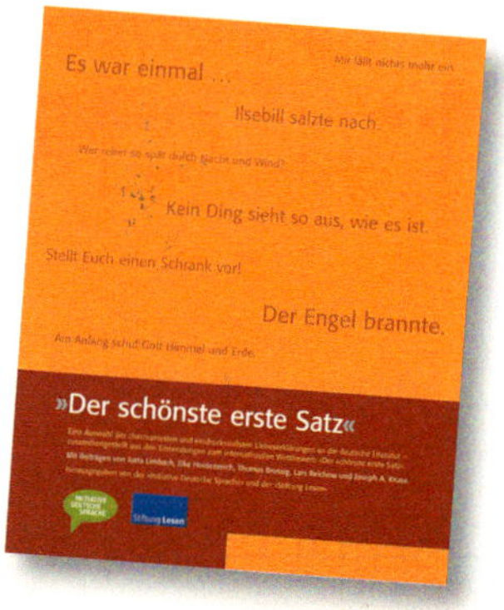

Ob man ein Buch lesen möchte, darüber entscheidet oft der Anfang des Buches. In einem Wettbewerb konnten Kinder und Erwachsene den ersten Satz eines Buches einsenden, den sie am schönsten fanden.
Ihre Auswahl mussten sie begründen. Diese ersten Sätze wählten die Kinder Johann und Hagar aus:

„An einem Sommertag, als draußen im Wald die Sonne schien, saßen die Wawuschels in ihrem Berg und horchten."

Irina Korschunow: Das große Wawuschelbuch (München: dtv 2007, Erstausgabe 2000)

Wawuschels, das klingt so schön und kitzelt im Mund beim Aussprechen und gefiel mir gut. Wer mochte das wohl sein? Was das wohl für Wesen waren und worauf sie horchten? Es musste irgendwas Besonderes sein, sonst wäre das nicht so geschrieben worden. Und auf was kann man da IN einem Berg horchen?
Mir gefiel dieser erste Satz so gut, dass ich natürlich das Buch weiterlas, und das nicht nur einmal – und das Wort „Wawuschel" durfte ich noch Hunderte von Malen lesen und mir im Mund kitzeln lassen.

Johann Engelhardt, 8 Jahre

„Du traust dich ja doch nicht!
Du Angsthase!", rief Olaf, ihr Anführer.

Max von der Grün, Vorstadtkrokodile
(München: Bertelsmann 2006,Erstausgabe 1976)

Ich will wissen, wer sich nicht traut. Ich will wissen, was er sich nicht traut. Und ich will wissen, warum er sich nicht traut. (Mir hat an dem Buch gefallen, dass alle in einer Gruppe waren, und sie haben alles gemeinsam gemacht.)

Hagar Abdulmajid, 6. Klasse

- Wähle verschiedene Bücher aus. Lies in jedem Buch den ersten Satz.
- Lies deiner Klasse den ersten Satz vor, den du am schönsten findest. Begründe.

Ein Guckloch in dein Buch

Hast du gerade ein tolles Buch gelesen?
Dann kannst du es den anderen Kindern in einem **Guckloch** vorstellen. Wenn ihr eure Gucklöcher in eurem Klassenzimmer zusammen mit den Büchern ausstellt, habt ihr jede Menge Lesetipps für das dritte Schuljahr.

So entsteht dein Guckloch:

- Falte dein DIN-A4-Blatt zweimal.
- Schneide auf der Vorderseite der entstandenen Karte einen Kreis – das Guckloch – aus.
- Trage unter dem Loch deinen Namen, den Titel des Buches, den Autor oder die Autorin und den Verlag ein.

- Klappe die Karte auf.
- Schreibe auf die linke Seite den ersten und letzten Satz deines Buches.
- Male auf die rechte Seite in einen großen Kreis ein Bild zu deiner Lieblingsstelle.
- Schreibe einen erklärenden Satz zum Bild.

Trage auf die Rückseite ein:

- wann du das Buch gelesen hast,
- auf welcher Seite deine Lieblingsstelle steht,
- wie du das Buch findest,
- wie viele Sterne du dem Buch gibst.

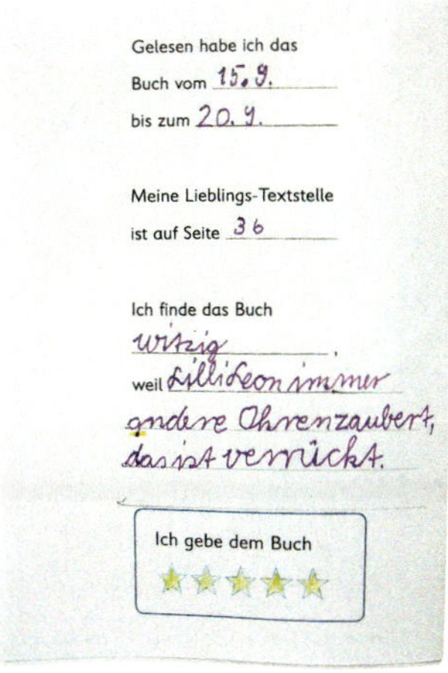

Lesevergnügen

Lesen macht Spaß.
Es hilft
Sogar, wenn man
Einsam ist oder
Vielleicht
Einen
Richtigen
Großen Kummer hat.
Nur ohne etwas
Übung
Gelingt
Es
Nicht sofort.

Gottfried Herold

Gestalte dein eigenes Lesezeichen mit einem Akrostichon.

Im Herbst

Septembermorgen
Im Nebel ruhet noch die Welt,
noch träumen Wald und Wiesen:
Bald siehst du, wenn der Schleier fällt,
den blauen Himmel unverstellt,
herbstkräftig die gedämpfte Welt
in warmem Golde fließen.

Eduard Mörike

So kannst du Informationen in Texten finden

→ Schritt 1: den passenden Text suchen

Lies die Überschriften der Texte. Wähle den passenden Text aus. Erkläre, wonach du suchen willst.

→ Schritt 2 a: sich am Bild orientieren

Ein Bild neben dem Text kann dir schon ein Hinweis sein, wo die gesuchte Information zu finden ist.

oder

→ Schritt 2 b: sich an Zwischenüberschriften orientieren

Lies die Zwischenüberschriften. Entscheide dich für den Abschnitt, in dem du die Information vermutest. Lies diesen Abschnitt genau.

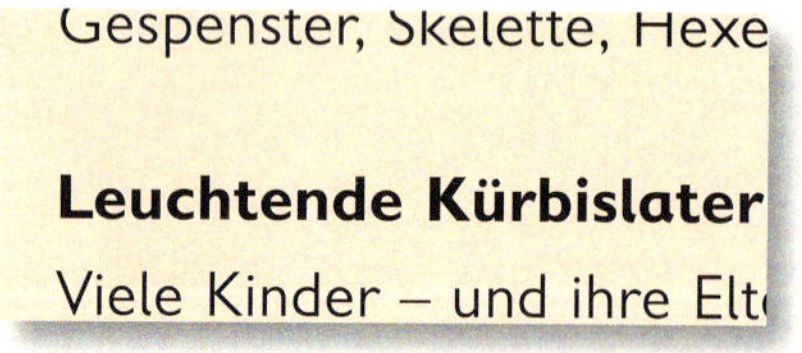
Gespenster, Skelette, Hexe

Leuchtende Kürbislater

Viele Kinder – und ihre Elt

→ Schritt 3: wichtige Wörter suchen

Überfliege den Text. Rutsche mit den Augen von Zeile zu Zeile. Suche passende Wörter.

Der letzte Apfel am Apfelbaum

Die Blätter sind gefallen,
der Wind hat sie verweht,
und von den Äpfeln allen
hängt nur noch einer, seht!

Da sagt der Baum zum Apfel:
„Nun fall schon! Es ist Zeit."
Der Apfel sagt: „Erst wenn ich
das will, dann ist's so weit –

so lang ich mich noch halten kann,
so lang hält auch der Herbst noch an."

Jurij Korinetz

Der größte Apfel der Welt

Der bisher größte Apfel der Welt kommt aus England. In einer Landwirtschaftsausstellung präsentierte ein Bauer einen Apfel mit einem Umfang von 53 cm. Das ist ungefähr die Größe eines Kinderkopfes. Der Apfel wog 1,9 kg, also fast zwei Kilo. Einen halben Liter Apfelsaft könnte man daraus pressen oder einen ganzen Kuchen damit belegen oder Apfelkompott für die ganze Familie kochen … Aber stellt euch vor, jemand hätte unter dem Apfelbaum gestanden und diesen Apfel auf den Kopf bekommen.

nach Annemarie Quehl, Rosemarie Krichbaum-Steuber

Orientiere dich an den Überschriften.
In welchem Text findest du diese Informationen?
- Aus welchem Land kommt der größte Apfel der Welt?
- Was sagt der letzte Apfel?

Der Herbst steht auf der Leiter

Der Herbst steht auf der Leiter
Und malt die Blätter an,
Ein lustiger Waldarbeiter,
Ein froher Malersmann.

Er kleckst und pinselt fleißig
Auf jedes Blattgewächs,
Und kommt ein frecher Zeisig,
Schwupp, kriegt der auch 'nen Klecks.

Die Tanne spricht zum Herbste:
Das ist ja fürchterlich,
Die andern Bäume färbste,
Was färbste nicht mal mich?

Die Blätter flattern munter
Und finden sich so schön.
Sie werden immer bunter.
Am Ende falln sie runter.

Peter Hacks

- In einer Strophe spricht die Tanne. Suche die Stelle.
- Wie kannst du diese Zeilen (Verse) sprechen? Probiere aus.

- gezielt einzelne Informationen suchen
- selbst gewählte Texte zum Vorlesen vorbereiten und sinngestaltend vorlesen

Der Tausch

Mein Sohn Matthes schenkte mir eine Hagebutte.
Sie glänzte wie ein Osterei, das mit Speckschwarte
eingerieben wurde.
Ich schenkte Matthes das Foto von einem Damhirsch.
Matthes war glücklich, und ich war glücklich.
Das Hirschfoto hängt über Matthes' Bett.
Die Hagebutte schmückt meinen Schreibtisch;
sie liegt da und glänzt und sagt, wenn ich hinseh:
Vergiss nicht, der Herbst hat Freuden, mein Lieber!

Erwin Strittmatter

Welche Frucht schenkt Matthes seinem Vater? Orientiere dich am Bild.

Kirschkerne spucken

Ki-Ki-Kirschkerne spucken,
pft!
pfft!
gegen den Wind,
das kann jedes Kind.

Ki-Ki-Kirschkerne spucken,
pfft!
pffft!
gegen den Föhn*,
ist leicht und schön.

Ki-Ki-Kirschkerne spucken,
pffft!
pffffffft!
gegen den Sturm,
ist schon enurm.

Ki-Ki-Kirschkerne spucken,
pffffffff!
pffffffffffffffff!
gegen den Orkan,
phhh!
kann keiner an.

Gerald Jatzek

* warmer Wind

Gegen den Wind

Wer gegen den Wind
durch die Gegend geht,
dass der Sturm allen Ärger
aus ihm weht,

kehrt aus dem Gezerr
und Gebrüll und Gebraus
leichter und freier und froher
nach Haus.

Josef Guggenmos

Südamerikanischer Windvogel

1. Zuerst knüllst du eine Zeitungsseite fest zu einer Kugel zusammen.
2. Dann schneidest du aus Krepppapier ein ungefähr 25 cm x 25 cm großes Stück aus.
3. Mit dem Krepppapier packst du nun die Zeitungskugel wie in ein Säckchen ein, das du oben mit einer Schnur zubindest.
   Die Schnur soll an einer Seite so lang wie dein Arm sein.
4. Anschließend klebst du rund um das Säckchen 40 cm lange bunte Krepppapierstreifen.
5. An das Ende der langen Schnur kannst du noch ein Herbst- oder Windgedicht hängen und dann los: Hörst du den Wind?

Wenn der Wind müde wird

Wenn der Wind müde wird
duckt er sich
wird klein wie ein Kind
Dann kannst du ihm
ganz ohne Bedenken
deine Lieblingsmütze schenken

Heinz Janisch

- Was brauchst du, um einen Windvogel zu basteln? Erstelle eine Materialliste.
- Wähle dein Lieblingsgedicht aus. Bereite es für einen Gedichtvortrag vor:
  - Übe zuerst die schwierigen Wörter.
  - Mache Pausen an passenden Stellen.
  - Sprich so, dass man den Wind spürt.

- gezielt einzelne Informationen suchen
- selbst gewählte Texte zum Vorlesen vorbereiten und sinngestaltend vorlesen

Der Sturm

Der Wind heult. Die Äste des Baums peitschen hin und her. Blätter fliegen durch die Luft. Ziege rennt zu Schaf, das ruhig dasteht und grast. „So ein Wind, was, Schaf?“, meckert Ziege. „Das ist kein Wind“, antwortet Schaf. „Das ist Sturm.“ Es frisst ruhig weiter. Der Zaun klappert. Ziege erschrickt. Die Luft ist voller Unruhe. „Schaf, das gefällt mir nicht“, sagt Ziege kleinlaut. „Wem gefällt das schon?“, brummt Schaf. „Sturm ist nie schön. Aber das geht schon vorbei.“ Der Zaun klappert wieder. Diesmal viel lauter als vorhin. Schaf steht da und kaut. Einfach so, wie immer. Ein Ast saust vorbei. Ziege läuft ein Schauer über den Rücken. Der Sturm zerrt mit voller Kraft an ihr. Sie steht schief auf ihren Hufen. Das Wetter wird immer heftiger.

„Was sollen wir tun?“, fiept Ziege ängstlich in Schafs Richtung. „Wir gehen in den Stall“, sagt Schaf, „da sind wir geschützt.“ Schaf läuft zum Stall. Ziege trippelt hinterher. Der Sturm rast. Es ist schwer, dabei zu gehen. Aber dann sind sie drinnen. Ziege drückt sich eng an Schaf. „Hier kann uns nichts passieren“, sagt Schaf beruhigend. „Ein Glück“, flüstert Ziege. Sie drückt ihre Nase in Schafs Fell. Schaf schaut aufmerksam nach draußen. Der Himmel ist ganz dunkel. Noch immer heult der Sturm. Der Zaun um die Weide ist schon ganz schief. Schafs Augen sind groß. „Was ist?“, fragt Ziege. „Nichts“, sagt Schaf. „Wirklich nicht?“ „Aber nein“, sagt Schaf tapfer, „es ist überhaupt nichts!“ Etwas fängt an zu knarren. Es knarrt und es quietscht. Und es ist sehr nahe. Es ist im Stall. „Gleich stürzt der Stall ein“, schreit Ziege in Panik. „Unmöglich“, sagt Schaf. „Es ist ein starker Stall. „Aber auch ein starker Sturm“, jammert Ziege.

Der Sturm heult immer wilder. Er hämmert gegen den Stall. Es pfeift in der Luft. Es knarrt ohrenbetäubend. Ein Schlag … Ein Dröhnen … Ein Quietschen und Rumpeln … Ziege stockt der Atem. Schaf duckt sich. „Mach dir keine Sorgen“, hört Ziege es noch sagen. Sie kneifen beide die Augen zu. Ganz fest. Wieder poltert und hämmert und knarrt es ganz nah … Kalter Wind bläst herein und jagt durch den Stall. Ziege zittert. Schaf bibbert. Dann wird es still. Sie öffnen die Augen. Im Stall ist es hell. Heller als sonst. Ziege schaut nach oben. Sie sieht Himmel. Einen klaren Himmel. Auch Schaf schaut jetzt nach oben. Es sieht nichts als Blau. Himmelblau. „Das Dach, Ziege“, blökt Schaf. „Das Dach ist weg!“ Jetzt merkt Ziege es auch. Sie stehen unter freiem Himmel. Die Sonne kommt hervorgekrochen. Ziege rennt aus dem Stall. Sie sucht das Dach. Es liegt gleich hinter dem Stall. Ziege tippt mit einem Huf auf das Dach. „Kommt wieder in Ordnung“, sagt sie heiser. „Das setzt der Bauer wieder obendrauf.“

Seite an Seite gehen sie eine Runde über die Weide. Überall liegen losgerissene Zweige und Stücke von Baumrinde. Plötzlich bleibt Ziege stehen. Sie schaut Schaf an. „Hast du Angst gehabt, Schaf?“ „Das ging nicht“, sagt Schaf. „Du hattest schon solche Angst.“ „Stimmt“, murmelt Ziege und schaut zu Boden. „Macht nichts“, sagt Schaf. „Aber, Ziege, darf ich beim nächsten Sturm Angst haben? Und du bist dann tapfer und beruhigst mich?“ „Ist gut“, antwortet Ziege. „Dann sage ich: ‚Mach dir keine Sorgen, Schaf. Alles wird gut.‘ Klingt das mutig?“ „Klingt mutig, Ziege. Sehr mutig.“ Sie zockeln weiter. Und denken an den nächsten Sturm. Schaf freut sich schon darauf.

Marleen Westera

- Ziege hat große Angst. Finde zwei Textstellen, die das zeigen.
- Warum freut sich Schaf am Ende schon auf den nächsten Sturm? Stelle deine Erklärung in einer Lesekonferenz vor.

Aussagen mit Textstellen belegen
bei der Beschäftigung mit literarischen Texten Sensibilität für Gefühle zeigen

Immer windiger – immer länger

Wind	Wind	
Windmühle	Windkraft	
Bockwindmühle	Windkraftwerk	
Wind	Wind	Wind
Windpocken	Windhund	…
Windpockenvirus	…	…

„Max, komm sofort von meinem Apfelbaum herunter, sonst sag ich es deinem Vater!" – „Sie können es ihm gleich sagen. Er sitzt drei Äste über mir."

D	**U**	**C**	**Qu**	**J**	**G**	**S**
M	**B**	**P**	**F**	**V**	**K**	**W**
X	**T**	**L**	**I**	**Y**	**Z**	**E**

Baum gesucht

Hier fehlen fünf Buchstaben des Alphabets. In der richtigen Reihenfolge zusammengesetzt, erhältst du den Namen eines Laubbaumes.

Lösungen S. 196

Apfeltee

Fädle die Apfelschalen auf und lasse sie trocknen. T

Süße den Tee mit Honig. Trinke ihn kalt oder warm. Wohl bekomm's! H

Nimm einen Esslöffel Schalen und eine Tasse Wasser für eine Tasse Apfeltee. I

Schäle die Äpfel. S

Nimm ungespritzte Äpfel. K

Wasche die Äpfel. Ö

Schütte die getrockneten Schalen in eine Blechdose. L

Fülle alles in einen Topf und lass es fünf Minuten lang kochen. C

Halloween

Die Entstehung des Namens

Halloween wird am Abend des 31. Oktobers gefeiert. Das ist der Tag vor Allerheiligen und daher stammt auch der Name. „Allerheiligen“ heißt auf Englisch „All Saints“, der Abend davor „All Saints’ Eve“. Daraus entstand später „All Hallows’ Evening“. Das wurde abgekürzt in „Hallows’ E’en“, was dann wiederum zu „Halloween“ wurde.

Ein altes Fest der Kelten

Halloween war schon vor vielen hundert Jahren bei den Kelten in Irland ein Grund zum Feiern. Der Sommer, und damit die helle warme Jahreszeit, ist zu Ende, nun beginnen die dunklen Monate und die Kelten glaubten, dass in dieser Zeit die Seelen der Toten die Erde besuchen. Daher sind die typischen Halloween-Verkleidungen auch ziemlich gruselig: Gespenster, Skelette, Hexen und Teufel.

Leuchtende Kürbislaternen

Viele Kinder – und ihre Eltern – basteln zu Halloween eine Kürbis-Laterne. Ein Kürbis wird ausgehöhlt, ein Gesicht hineingeschnitzt und dann mit einer Kerze von innen beleuchtet. So ein Kürbis-Gesicht wird in den USA „Jack O’Lantern“ genannt und soll böse Geister fernhalten.

- Lies die Überschriften. In welchen Abschnitten findest du wohl die Informationen zu den folgenden Fragen? Begründe.
  - Wie nennt man in den USA die Kürbislaterne?
  - Warum feierten die Kelten Halloween?

- Suche im Internet weitere Informationen über Halloween auf **www.blinde-kuh.de/halloween/**.

○ gezielt einzelne Informationen suchen
Informationen in Druck- und elektronischen Medien suchen

AH S. 8

Spiele für die Halloween-Party

Hol den Apfel!

Eine Schüssel wird mit Wasser gefüllt. Dann werden Äpfel in das Wasser gelegt. Die Kinder müssen nun versuchen, herauszuholen. Die Hände sind die Äpfel nur mit ihren Zähnen dabei auf dem Rücken verschränkt.

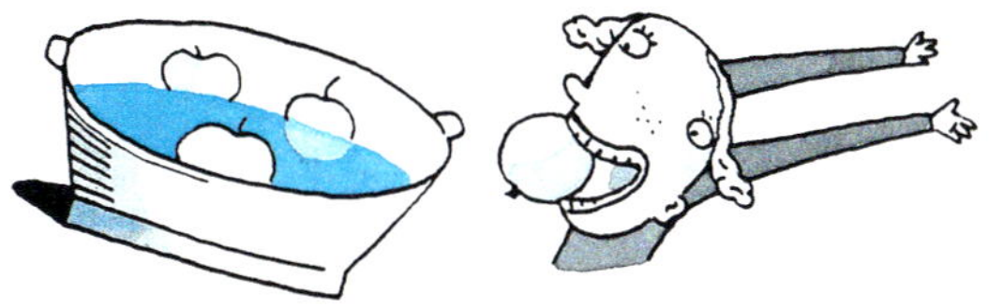

Wer bist du?

Der Partyraum muss dunkel sein. Alle drehen sich schnell im Kreis herum und versuchen dann, einen muss man nun herausfinden, anderen zu treffen. Durch Tasten wen man berührt hat.

Gefrorene Geister

Ein Kind bedient den CD-Player. Alle wird die Musik plötzlich anderen tanzen. Dann gestoppt. Alle Partygäste müssen wie eingefrorene innehalten, bis die Musik Geister in ihrer Bewegung wieder beginnt.

Gespenster einwickeln

Alle Kinder werden in Zweier-Teams eine Rolle Toilettenpapier. aufgeteilt. Jedes Team bekommt Das eine Kind muss nun versuchen, seinen Partner von unten nach oben mit Toilettenpapier einzuwickeln. Welches Team ist am schnellsten fertig? Welches Gespenst sieht am besten aus?

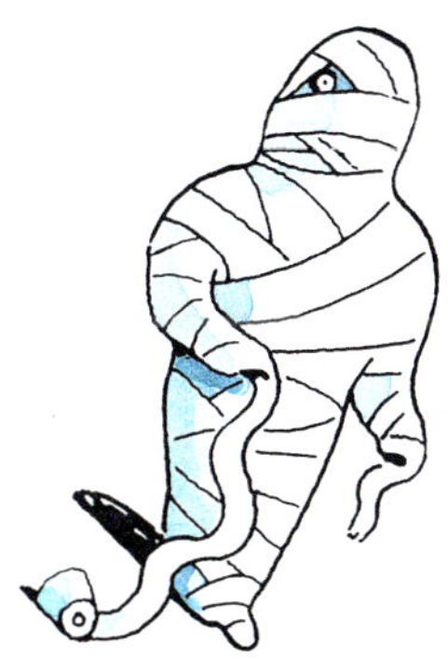

In jedem Text sind Zeilen vertauscht. Lies einem Partnerkind einen Text in der richtigen Reihenfolge vor.

November

Auch das grünste Laub,
jetzt im November
wird es braun,
und es fällt,
und es fault,
und im Frühjahr
ist es grauer Staub.

Alfons Schweiggert

Nun liegt die Erde wieder brach,
die Vögel ziehn der Sonne nach,
der Herbst ist da, und Regen fällt,
und still und ruhig ist die Welt.

Rudolf Wehren

Zwei letzte
Knospen hat der Rosenstrauch,
Die ersten
Rosenfrüchte leuchten wie
Kleine Winterfeuer auf.

Eva Strittmatter

Nebel hängt wie Rauch ums Haus,
drängt die Welt nach innen,
ohne Not geht niemand aus,
alles fällt in Sinnen.

Christian Morgenstern

Ein Vorhang aus Luft
und Duft
gewoben,
und wie der Wind
geschwind
zerstoben.

Friedrich Güll

Nebel, Nebel, Niebel,
schwing dich auf den Giebel,
schwing dich auf zur Himmelstür,
lass die liebe Sonn herfür!

Volksgut

Welches kleine Spätherbst-Gedicht gefällt dir am besten? Begründe. Lerne es auswendig und trage es deiner Familie und deiner Klasse vor.

Miteinander leben

Wen du brauchst

Einen zum Küssen und Augenzubinden,
einen zum lustige-Streiche-erfinden,
Einen zum Regenbogen-suchen-gehn
und einen zum fest-auf-dem-Boden-stehn.
Einen zum Brüllen, zum Leisesein einen,
einen zum Lachen und einen zum Weinen.
Auf jeden Fall einen, der dich mag,
heute und morgen und jeden Tag.

Regina Schwarz

So kannst du dich in die Gefühle und Gedanken der Figuren eines Textes hineinversetzen

→ Tipp 1: untersuchen, wie die Figur denkt, fühlt und handelt

- Suche Textstellen, die zeigen, was die Figur macht oder denkt.
- Schreibe z. B. auf ein Kärtchen, was die Figur macht.
  Lege das Kärtchen neben die Textstelle.
- Schreibe z. B. auf eine Gedankenblase, was die Figur denkt.
  Lege die Gedankenblase neben die Textstelle.

→ Tipp 2: untersuchen, warum die Figur so denkt, fühlt und handelt

- Suche Erklärungen im Text.
- Finde selbst eine Erklärung.
  Tausche dich mit einem Partnerkind oder in einer Lesekonferenz aus.

○ bei der Beschäftigung mit literarischen Texten Sensibilität und Verständnis für Gedanken und Gefühle und zwischenmenschliche Beziehungen zeigen

Worüber der Franz unzufrieden ist

Der Franz ist mit seiner Mama und mit seinem Papa fast immer zufrieden. Nur wenn es ums Fernsehen geht, muss er sich über die beiden ärgern. Weil sie Fernseh-Muffel sind! Bloß drei Programme kann der Franz sehen. Oft beschwert er sich bei der Mama: „Alle Kinder haben Kabel. Oder eine Satelliten-Schüssel. Zwanzig Programme können die sehen. Und ich bin dauernd der Blöde."

Der Franz kommt sich wie „der Blöde" vor, weil die Kinder in der Schule immer von den Filmen reden, die sie im Fernsehen angeschaut haben. Und er kann dann nie mitreden. Und weil die Kinder sehr oft und sehr lang davon reden, kann er sehr oft nicht mitreden und muss sehr lang den Mund halten.
Vor zwei Wochen nun haben die Kinder wieder einmal über eine TV-Serie geredet. Über eine, wo ein Detektiv einen Hund als Partner hat. Und der ist so klug, dass er Verbrechen erschnüffelt.

Die einen Kinder haben die Serie toll gefunden. Die anderen Kinder haben gesagt, sie sei doch totaler Unsinn. Weil es so einen Hund nicht geben kann. Der Franz hat still dabeigesessen. „Was meinst du?", hat ihn der Alexander gefragt. Der Franz wollte nicht schon wieder sagen, dass er diese Serie zu Hause nicht sehen kann. So sagte er: „Ich hab was anderes angeschaut." „Und zwar?", fragte der Alexander. „Eine … von einem Astronauten … von einem anderen Planeten … der landet bei uns … und sein Raumschiff geht kaputt", sagt der Franz.

Christine Nöstlinger

Franz schwindelt. Warum tut er das?

Steckenpferde

Ich habe vier Brüder, die sich ständig über irgendwas beschweren. Wenn ich ein Problem habe und zu meiner Mutter gehe, weil ich mit ihr darüber reden will, stehen meistens schon zwei Brüder vor mir in der Schlange und jammern über etwas total Bescheuertes. Ich könnte was richtig Schlimmes haben wie zum Beispiel einen eingerissenen Nagel oder eine fehlende Socke, aber sie stehen da und verschwenden Mamas Zeit mit albernen Sachen wie Marmelade im Gesicht oder falsch herum angezogenen Pullovern.

Meine vier Brüder haben ihre Lieblingsprobleme, über die sie sich mindestens einmal am Tag beklagen. Mama nennt diese Probleme ihre Steckenpferde. Wenn sie damit anfangen, macht Papa pferdeartige Geräusche und ein Geht-das-schon-wieder-los-Gesicht, aber Mama hört zu, weil sie schließlich unsere Mama ist. Marty ist der älteste Bruder, und sein Steckenpferd ist, dass ihm alles verboten wird und er genauso gut im Gefängnis sitzen könnte. „Warum krieg ich kein Motorrad?“, quengelt er oft. „Ich bin jetzt zehn, das ist fast schon sechzehn. Wenn ich einen Helm aufhätte, würde die Polizei überhaupt nichts merken.“

Ich heiße Tim und bin der Nächste in der Reihe. Nach mir kommt mein zweiter Bruder Donnie, dessen Steckenpferd sein Haar ist. Egal, wie oft Mama es wäscht oder kämmt, immer ist irgendwas nicht richtig. „Hinten steht es ab, Mama.“ Und Mama streicht es glatt. „Jetzt aber los mit dir, Donnie.“ „Es steht immer noch ab, Mama.“ „Nein, tut es nicht. Du hast Haar-Halluzinationen, Donnie. Jetzt mach schon, du kommst zu spät zur Schule.“

Brüder drei und vier, Bert und HP haben ganz neue Wörter erfunden, damit sie wirkungsvoller jammern können. Berts neues Wort heißt „Kriegichn“ wie in:

„Kriegichn Riegel Schokolade?“

„Nicht vor dem Abendessen, Schatz“, sagt Mama.

„Kriegichn Stück, nur ein Stück?“ „Nein, Schatz. Wir essen gleich.“

„Kriegichn Tüte Chips?“

„Ich glaube, du verstehst mich nicht, Bert. Keine Süßigkeiten oder Chips vor dem Abendessen.“

„Kriegichn Hustenbonbon?“

„Hustenbonbons sind auch Süßigkeiten.“

Mama hat viel Geduld. Bei Papa ist nach zwei „Kriegichn“ Schluss, dann wird er sauer.

HP (halbe Portion) ist der Jüngste und findet es schrecklich, das Baby zu sein. Das erfundene Wort, mit dem er sich immer beschwert, ist „Sisgemein“ wie in: „Sisgemein. Chrissys Mami hat ihm erlaubt, dass er sich eine Glatze rasiert. Jetzt sieht er aus wie mindestens fünfeinhalb.“

„Für Chrissy bin ich nicht verantwortlich“, sagte Mama. Ich bin nur für dich verantwortlich. Und ich sage: keine Kopfrasur.“

„Sisgemein“, heult HP.

„Manchmal ist das Leben gemein“, sagt Mama und nimmt HP in den Arm, bis er anfängt, an seinem Daumen zu lutschen.

Das ganze Gequengel bedeutet, dass, wenn Marty und ich mit unseren Problemen von der Schule nach Hause kommen, meistens ein kleiner Bruder auf jedem von Mamas Knien sitzt und über seine Babygeschichten jammert. Und selbst wenn – Wunder aller Wunder – ein Knie frei ist, funktioniert Mama dann nur noch auf Auto-Nicken. Auto-Nicken ist, wenn Erwachsene nicht richtig zuhören, was ein Kind sagt; sie nicken bloß alle fünf Sekunden oder so, bis das Kind weggeht. Und so beschlossen Marty und ich, dass wir für ein Gespräch über unsere Probleme einen anderen Erwachsenen ins Auge fassen mussten.

Eoin Colfer

- Wie fühlt sich Tim, wenn er mit einem Problem zu seiner Mutter geht? Schreibe es in eine Gedankenblase.

- bei der Beschäftigung mit literarischen Texten Sensibilität und Verständnis für Gedanken und Gefühle und zwischenmenschliche Beziehungen zeigen

Wut

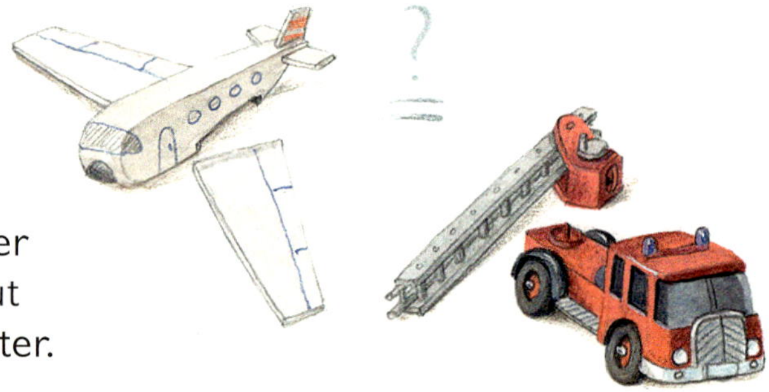

Alexander hat eine Stinkwut auf Florian. So eine Wut, dass er platzen könnte. Noch mehr Wut allerdings hat er auf seine Mutter. Immer steht sie Florian bei. Immer dem Kleinen, dem Süßen, dem Hosenbopperl. Soll sie ihn doch in Watte packen und mit Zucker bestreuen. Und dann am besten in den Ofen und backen. Dann könnte sie ihn fressen aus lauter Liebe. Alexander rennt aus dem Haus und knallt die Tür hinter sich zu. Er läuft die Hauptstraße entlang, biegt an der Werrabrücke links ab und rennt die Gasse hinauf, bis er vor Opas Haus steht. Opa gießt gerade seine Rosen. Das tut er immer am späten Nachmittag, wenn es nicht mehr so heiß ist.

„Na, brauchst du eine Limo?“, fragt er. Alexander wirft sich in Opas Arme. Der lässt vor Schreck die Gießkanne fallen. „Was ist denn los?“, fragt er und schiebt Alexander vor sich her in die Küche. „Komm, setz dich. Und jetzt erzähl mir alles.“ Es gibt nicht viel zu erzählen. Alexander hat am Tisch an einem Flugzeugmodell aus Pappe gebastelt. Florian hat auf dem Teppich mit Autos gespielt. Es war wie immer. Dann wollte Florian das Flugzeug mal halten. Nur mal halten. Er hat es so blöd angefasst, dass ein Flugzeugflügel abgebrochen ist. Alexander war wütend und hat es ihm aus der Hand gerissen. Und mit dem Fuß hat er sich auf Florians Feuerwehrauto gestellt. Aber sehr vorsichtig, sodass wirklich nur die Leiter abgebrochen ist.

Opa nimmt Alexander auf den Schoß. „Das war doch gerecht“, sagt Alexander zu Opa. „Ein Flugzeugflügel gegen eine Feuerwehrleiter. Aber Mama hat behauptet, das wäre was ganz anderes. Florian hat es nicht mit Absicht gemacht, hat sie gesagt. Aber ich! Und dann hat sie mir mein Flugzeug weggenommen.“

Mirjam Pressler

- Alexander ist wütend. Finde Textstellen, die das belegen.
- Warum ist Alexander wütend? Erkläre.

- Sensibilität und Verständnis für Gedanken und Gefühle zeigen
- Aussagen mit Textstellen belegen

AH S. 11

Nach einem Streit

Ich?

Den ersten Schritt machen?

Ich soll den ersten Schritt machen?

Warum soll ich?

Warum soll ich den ersten Schritt machen?

Warum ich?

Den ersten Schritt machen?

Warum eigentlich nicht?

Gerda Anger-Schmitt

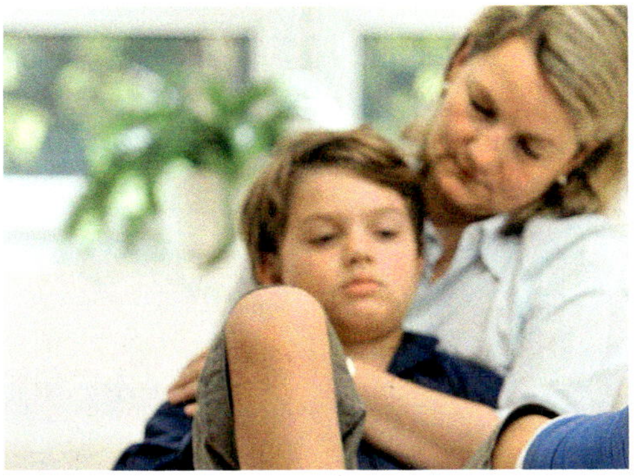

Wunder des Alltags

Manchmal, da hab ich eine Angst.
Manchmal, da hab ich einen Zorn.
Manchmal, da hab ich eine Wut.

Manchmal, da hab ich keine Freude.
Manchmal, da hab ich kein Vertrauen.
Manchmal, da hab ich keinen Mut.

Aber manchmal,
da kommt plötzlich jemand
und fragt mich.
„Komm du, geht's dir nicht gut?"

Hans Manz

- Welches Gedicht gefällt dir am besten? Begründe.
- Übe das Gedicht laut vorzutragen.
  Überlege, wie du das Gedicht sprechen willst
  (leise, traurig, wütend …).

Oma kann sich nicht erinnern

Seit die Oma keinen Hund mehr hat, kommt sie öfter einfach vorbei. Zum Kaffee. Oder zum Tee. Jeden Dienstag, wenn die Mama zu Mittag nicht zu Hause ist, kommt die Oma und bringt Pizza mit. Kochen mag sie nicht mehr, aber das macht nichts, weil Miriam und Jacob Pizza lieben. Miriam bekommt eine Pizza mit Oliven, und Jacob und die Oma teilen sich eine Salamipizza.

Seit kein Hund mehr auf sie wartet, hat sie es auch nicht mehr so eilig, nach Hause zu gehen. Jacob findet das schön. Die Oma hat immer Zeit. Sie hilft ihm bei der Aufgabe. Sie liest ihm vor. Sie spielt mit ihm Karten. Manchmal braucht sie ein bisschen lang, um die Karten zu sortieren. Manchmal sucht sie erst ihre Brille, dann ihre Tasche und zuletzt ihr Handy. Manchmal fragt sie auch zweimal hintereinander das Gleiche.

Aber das ist nicht so schlimm. Denn Jacob hat ja auch Zeit. Miriam ist nicht so geduldig wie Jacob. „Du bist dran, Oma!", ruft sie beim Kartenspielen. „Pass doch auf, Oma!" Und einmal sagt sie sogar: „Denk doch mit, Oma!" Jacob findet sie richtig gemein.

Am Abend beschwert sich Miriam bei der Mama. „Die Oma hört überhaupt nicht zu, wenn man ihr was sagt! Die ganze Zeit fragt sie das Gleiche! Und fünf Minuten später weiß sie es wieder nicht!" Die Mama seufzt. „Die Oma merkt sich nicht mehr so gut, was man ihr sagt", sagt sie. „Auch, wenn sie sich bemüht. Ihr müsst ein bisschen Geduld mit ihr haben!"

Saskia Hula

- Jacobs Oma ist vergesslich. Finde Stellen im Text, die das belegen.
- Miriam ist ungeduldig mit ihrer Oma. Wo steht dazu etwas im Text?

Meine Oma – mein Opa

Meine Oma und mein Opi sind ganz, ganz nett. Mein Opa hatte mal einen großen Käfig für die Nymphensittiche gebaut. Oma und Opa bringen immer eine Überraschung mit. Oma und Opa sind die Besten. Sie freuen sich, wenn wir zu Besuch kommen. *Felix*

Mein Opa baut gern. Er spielt auch Schach und Skat. Meine Oma bäckt gern. Sie spielt auch Skat. Man kann mit ihr gut reden. Sie macht mir gern eine Freude, und sie hält auch den Garten sauber. Das Komische ist, dass mein Opa denselben Vornamen hat wie mein Papa, weil meiner Oma der Name so toll gefiel, dass sie ihr Kind auch so nannte. Ich hoffe, dass sie bald bei uns einziehen. *Anja*

Meine Oma arbeitet gern im Garten. Immer, wenn ich sage: „Oma, im Garten ist Unkraut“, geht sie sofort in den Garten und zupft Unkraut. Aber dabei tritt sie immer auf den Schwanz der Katze. Und die Katze rennt sofort weg und verwüstet den Rasen. Aber dann nimmt meine Oma die Katze sofort im Nacken und geht mit ihr ins Haus und bringt die Katze ins Schlafzimmer. Dann sagt Oma zu Opa: „Halte sofort Wache, damit die Katze nicht wegläuft.“ *Andreas*

Immer, wenn Opa von der Arbeit kommt, sagt er: „Na, Schnulle.“ Also, ich finde Opa ziemlich nett. *Jasmin*

Meine Oma liebt Hunde. Einmal sind wir spazieren gegangen und an einem Schild stand: „Vorsicht, bissiger Hund!“ Aber Oma hat ihn trotzdem angefasst. Sie fasst jeden Hund an, ob er bissig ist oder nicht. *Annabel*

- Anjas Opa hat denselben Vornamen wie ihr Papa. Finde die Textstelle, die das belegt.
- Annabels Oma hat keine Angst vor Hunden. Finde die Textstelle, die das belegt.

Welcher Text passt zum Bild?

1

Zwei Kinder spielen ein Spiel.
Das Mädchen hat braune Haare.
Der Junge hält eine Karte in der Hand.
Das Mädchen hat ein rot gestreiftes
Shirt an und trägt eine Weste darüber.

2

Zwei Kinder spielen ein Spiel.
Das Mädchen hat braune Haare.
Der Junge hält eine Karte in der Hand.
Das Mädchen hat ein grün gestreiftes
Shirt an und trägt eine Kette.

Knobelei

Tims Mutter hat fünf Söhne:
Anton, Berti, Claus, Dennis …
und wie heißt der fünfte Sohn?

Heute schon gelacht?

„Du musst noch Klavier üben, Klaus“,
ermahnt die Mutter ihren Sohn.
„Aber wasch dir vorher die Hände!“
„Warum?“, antwortet der Junge.
„Ich spiele doch sowieso nur auf den
schwarzen Tasten.“

Witz

„Andreas, iss dein Brot auf!“
„Ich mag aber kein Brot!“
„Du musst aber Brot essen,
damit du groß und stark wirst!“
„Warum soll ich groß und stark
werden?“
„Damit du dein täglich Brot
verdienen kannst.“
„Aber ich mag doch gar kein Brot!“

Bilder-Rätsel

Stimmt das?

Quatschsätze würfeln

	Person		Tätigkeit		Ort
⚀	Papa	⚀	hüpft	⚀	im Aquarium.
⚁	Oma	⚁	schnarcht	⚁	auf dem Dach.
⚂	Mama	⚂	weint	⚂	im Keller.
⚃	Opa	⚃	meckert	⚃	im Schrank.
⚄	Onkel Theo	⚄	singt	⚄	am Fenster.
⚅	Tante Lola	⚅	gruselt sich	⚅	in der Wanne.

⚂ Mama ⚃ meckert ⚃ im Schrank.

Lösungen S. 196

Fabelhaftes – drei Fabeln

1 Der Zeisig und die Taube

Ein kleiner Zeisig flog aus seinem Nest,
und schon saß er in einer Falle fest.
Der Ärmste jammerte. Auf sein Geschrei
flog eine junge Taube rasch herbei.
Sie spottete: „Du sollst dich schämen!
Wie kann man sich so tölpelhaft benehmen?
Mir klugen Taube kann das nie geschehen:
Man hat doch Augen, um zu sehen!
Ich geb stets acht, wo fliege ich jetzt hin ...?",
sprach sie – und war selbst in der Schlinge drin.

Merk dir die Lehre schon beizeiten:
Man spotte nie, wenn andre leiden!

Iwan Krylow

2 Von einer Maus, die einen Löwen befreit

Es war einmal ein Löwe, der sich zu einem Mittagsschlaf hingelegt hatte. Da lief eine Maus über seine riesigen Tatzen. Der Löwe erwachte. Verärgert über die Störung, packte er das kleine Tier und wollte es verschlingen. Da rief die Maus mit kläglicher Stimme: „König der Tiere, du bist gewohnt, mit Stieren und Hirschen zu kämpfen. Ich bin doch nur ein winziger Bissen für dich. Lass mich am Leben. Vielleicht kann auch ich dir eines Tages einen Dienst erweisen." Der Löwe lachte und ließ die Maus großmütig laufen. Bald darauf verfing er sich im Netz eines Jägers. Verzweifelt versuchte er sich zu befreien, aber es gelang ihm nicht. Von seinem Gebrüll geweckt, kam die Maus aus ihrem Loch. Ohne lange zu überlegen, fing sie mit ihren scharfen Zähnen an, die Stricke durchzunagen. Und sie gab nicht auf, bis der Löwe befreit war.

Max Bolliger nach Äsop

Was ist eine Fabel? Schlage im Glossar nach.

3 Die beiden Ziegen

Zwei Ziegen begegneten einander auf einem schmalen Steg,
der über einen tiefen Fluss führte.
Die eine wollte hinüber, die andere herüber.
„Geh mir aus dem Weg!“, sagte die eine.
Die andere aber rief: „Das wäre mir schön!
Ich war zuerst auf der Brücke.
Geh du zurück und lass mich hinüber!“
„Ich will nicht“, sagte die erste,
„ich habe hier so viel Recht wie du.“

So wechselten sie noch viele Worte miteinander.
Keine wollte nachgeben. Sie zankten sich immer mehr,
und schließlich kam es zum Kampf zwischen beiden.
Sie senkten ihre Hörner,
rannten zornig aufeinander los
und stießen heftig zusammen.
Dabei fielen beide
von der schmalen Brücke
in das tiefe Wasser hinein.

K.D. Uschinski

- Was ist die Lehre der ersten Fabel?
- Welche Lehre passt zur zweiten Fabel?
  - Manchmal gibt es eine Überraschung.
  - Niemand ist zu klein, um zu helfen.
  - Mäuse sind besser als Löwen.
- Wie heißt die Lehre der dritten Fabel?

Zu Hause

Schnurrli freut sich, wenn ich komm.
Zu Hause geht's mir gut.
Mit Mama seh ich gerne fern.
Zu Hause geht's mir gut.
Mein Bruder macht mein Fahrrad heil.
Papa liest mir abends vor.
Zu Hause geht's mir gut.
Ich möchte niemals fort von hier.

Justus, 8 Jahre

Schreibe ein Rondell über dein Zuhause.
Schenke es jemandem aus deiner Familie.

Märchenzeit

Die Märchen

Hinter dem Himmel
schlafen die Märchen
Wer weiß den Weg
wer hat den Schlüssel
wer weckt sie
Wir Kinder
warten

Rose Ausländer

So kannst du Merkmale von Märchen erkennen

→ Tipp 1: den Anfang und das Ende von Märchen kennen

Märchen beginnen und enden gleich oder ähnlich.
Lies den ersten und den letzten Satz.

→ Tipp 2: das Besondere entdecken: Zahlen, Orte und wundersame Dinge

Diese Zahlen, Orte und wundersamen Dinge spielen in Märchen eine Rolle:

- Zahlen im Märchen: 3, 7, 12
- Orte im Märchen: Wald, Schloss, hinter den sieben Bergen …
- wundersame Dinge im Märchen: ein sprechender Spiegel, ein vergifteter Apfel, ein verzauberter Prinz …

→ Tipp 3: Märchenfiguren kennen

Diese Figuren spielen im Märchen eine Rolle:

- Fantasiefiguren: Feen, Riesen, Zwerge, Hexen.
- Menschen: Prinz, Prinzessin, Stiefmutter, Bauer.

Welche Eigenschaften haben die Figuren?

Die drei Wünsche

Es waren einmal ein Mann und eine Frau,
die hatten drei Wünsche frei.
Weil sie aber Angst hatten, sich etwas Falsches zu wünschen,
überlegten sie hin und her und konnten sich nicht entscheiden.

An einem schönen Tag, als die Frau die Kartoffeln
auf den Tisch stellte, dachte sie:

„Ach, wenn doch ein Würstchen drauf liegen würde."
Sie hatte es kaum ausgesprochen,
da ging ihr Wunsch schon in Erfüllung.

Als der Mann das sah, wurde er böse, weil die Frau
so einen dummen Wunsch getan hatte,
und sagte voller Zorn: „Wenn dir das Würstchen
doch an der Nase hängen würde!"
Kaum hatte er es ausgesprochen, hing das Würstchen dort.

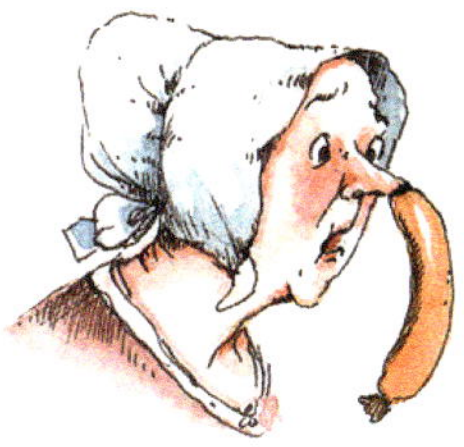

Was konnten sie jetzt noch tun?
Sollte die Frau nicht den Rest des Lebens
mit einem Würstchen an der Nase herumlaufen,
mussten sie es wegwünschen.
Das taten sie auch. Damit waren ihre drei Wünsche
getan und sie waren so arm dran wie vorher.

Elsässisches Märchen

- Welche Merkmale von Märchen treffen hier zu? Prüfe.
  - Der Erzählanfang ist märchenhaft.
  - Es gibt Wundersames.
  - Eine Zahl hat eine Bedeutung.
  - Die Personen sind Fantasiefiguren.
- Geht das Märchen gut aus? Begründe deine Meinung.

Märchen-Basteleien

Es war einmal
- ein herzensgutes Mädchen.
- ein altes, braves Mütterchen.
- ein lustiges, gackerndes Hühnchen.
- ein junges, schönes Knäblein.

Obwohl es sehr arm war, lebte es zufrieden
- in einer verfallenen Hütte am See.
- in einer Höhle tief im Wald.
- in einem alten Hühnerstall.
- in einem kleinen Häuschen inmitten eines verwunschenen Gartens.

Alle mochten es gerne, denn
- es war stets freundlich und hatte für jedermann ein liebes Wort.
- es war so sanft und warmherzig.
- es gab immer einen lustigen Spruch zum Besten.
- es wusste immer einen guten Rat.

Eines Tages fand es auf der Erde, im Schmutz liegend,
- ein funkelndes Ringlein.
- ein glänzendes Steinchen.
- ein stumpfes Stück Eisen.
- eine zerbrochene Spiegelscheibe.

Es rieb daran, wollte es säubern, da verwandelte sich das verwunschene Fundstück plötzlich
- in einen zauberhaften Prinzen.
- in einen friedlichen Drachenkönig.
- in einen tapferen Schneider.
- in einen freundlichen Riesen.

Der ... schenkte seinem Retter
- ein kleines Waldschloss.
- einen Sack Goldstücke.
- eine Hühnerfarm.
- einen Zauberstab.

Er sagte dankbar:
- Du hast mich nach 100 Jahren erlöst. Ich werde dich mit Gold und Edelsteinen überschütten.
- Du sollst in meinem Schloss wohnen und einen Ehrenplatz erhalten.
- Du hast drei Wünsche frei. Ich werde dir alle erfüllen.
- Du hast mich errettet. Dafür schenke ich dir diese Flasche. Sie enthält das Wasser des Lebens.

Und wenn sie nicht gestorben sind,
- dann leben sie noch heute.
- freuen sie sich noch jeden Tag.
- leben sie glücklich und zufrieden.
- haben sie noch viele Abenteuer erlebt.

Stelle einem Partnerkind Leseaufgaben. Zum Beispiel:
- Lies einen Märchenanfang vor.
- Lies vor, was zwei Märchenfiguren sagen könnten.
- Lies einen Märchenschluss vor, der dir besonders gefällt.

Stelle dir ein Märchen zusammen.

Die diamantene Axt

Erzähler: Einstmals hackte ein Armer am Ufer eines Flusses Holz. Plötzlich löste sich die Axt vom Stiel, fiel ins Wasser und versank. Der Arme weinte über den Verlust.

Armer: „Oh! Was soll ich jetzt tun? Wie kann ich ohne Axt Holz hacken? Wie werde ich ohne Verdienst meine Familie ernähren können?“

Erzähler: Da brauste und raschelte es in den Sträuchern, und tap-tap-tap kam aus dem Wald ein seltsamer Alter. An Stelle des Bartes hatte er graues Moos, und die Nase war ein großer Tannenzapfen.

Alter: „Was klagst du, guter Mensch? Was ist dir Böses widerfahren?“

Armer: „Wie soll ich nicht weinen? Die Axt fiel mir ins Wasser. Womit werde ich jetzt Holz hacken? Womit soll ich meine Kinder ernähren?“

Erzähler: Der Alte warf seine Kutte ab, streifte die Latschen von den Füßen, und plumps! – sprang er ins Wasser.

Alter: „Ich helfe dir.“

Erzähler: Nach einigen Augenblicken kam er wieder heraus und übergab dem Armen eine goldene Axt.

Alter: „Da, nimm! Ist das deine Axt?“

Armer: „Nein, das ist nicht meine Axt.“

Erzähler: Wieder tauchte der Alte unter und gleich wieder auf. Er übergab dem Armen eine silberne Axt.

Alter: „Ist das deine Axt?“

Armer: „Nein, das ist nicht meine Axt.“

Erzähler: Beim dritten Mal brachte der Alte eine eiserne Axt.

Alter: „Ist das deine Axt?“

Armer: „Das ist meine!“

Erzähler: Der Arme ergriff seine Axt, bedankte sich und wollte nach Hause laufen. Aber der Alte ließ ihn nicht fort.

Alter: „Bleib stehen, nimm auch diese zwei!“

Armer: „Nun, wenn es so ist, dann danke ich dir. Ich werde es dir nie vergessen.“

Erzähler: Und er ging nach Hause. Auf der Schulter trug er drei Äxte: eine goldene, eine silberne und eine eiserne. Von diesem Glück hörte ein Reicher, und die Habsucht überfiel ihn.

Reicher: „Auch ich werde an den Fluss gehen, vielleicht fällt mir Reichtum zu."

Erzähler: Er nahm eine Axt mit sich, die er nur ganz leicht auf dem Stiel befestigt hatte. Er kam zu der Stelle und schlug mit der Axt zu.
Die Axt fiel ins Wasser.

Reicher: „Oh, ich Unglücklicher!"

Erzähler: Da brauste und raschelte es in den Sträuchern, und der Alte trat heraus. Der Bart war aus grauem Moos, die Nase aus einem Tannenzapfen.

Alter: „Wer jammert hier so? Wen hat in meinem Wald das Unglück getroffen?"

Reicher: „Das bin ich. Ich habe Holz gehackt, die Axt ging mir entzwei und fiel ins Wasser. Wer holt sie mir jetzt heraus?"

Erzähler: Der Alte legte seine Kutte ab, zog die Latschen aus und sprang ins Wasser. Er kam heraus, in der Hand eine eiserne Axt haltend.

Alter: „Ist das deine?"

Reicher: „Nein, das ist nicht meine. Meine Axt war besser."

Erzähler: Wieder sprang der Alte ins Wasser. Er übergab dem Reichen eine silberne Axt.

Alter: „Ist das deine?"

Reicher: „Auch das ist nicht meine. Meine Axt war noch besser."

Erzähler: Zum dritten Mal sprang der Alte ins Wasser und tauchte mit einer goldenen Axt auf.

Reicher: „Das ist meine! Schon von weitem erkenne ich sie wieder.
Gib sie schnell her!"

Alter: „Vielleicht hast du dich geirrt? Dort auf dem Grunde liegt noch eine andere Axt, eine diamantene, vielleicht ist das deine?"

Reicher: „Ach, ja wirklich, ich irrte mich! Die goldene Axt leuchtete so in der Sonne, dass es mir schien, als wäre es die diamantene."

Erzähler: Der Alte schüttelte den Bart und verschwand im Wasser. Er nahm alle drei Äxte mit sich, und bis jetzt ist er nicht zum Ufer zurückgekehrt.

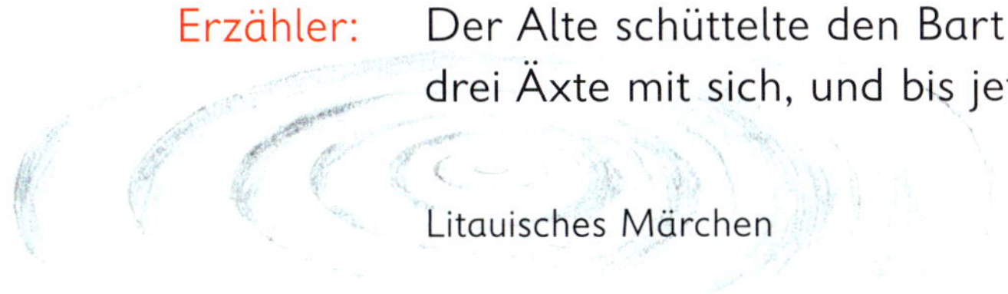

Litauisches Märchen

Überlegt, wie ihr den Text auch ohne Erzähler spielen könnt.

- Lest das Märchen mit verteilten Rollen.
- Ihr könnt das Märchen auch spielen.

Die Brüder Grimm

Früher gab es noch kein Radio oder Fernsehen. Um sich an langen Winterabenden zu unterhalten, haben sich die Menschen Geschichten erzählt. Die Brüder Jacob und Wilhelm Grimm begannen vor mehr als hundertfünfzig Jahren damit, diese Geschichten zu sammeln. In ihrem Buch „Kinder- und Hausmärchen" haben sie alle Märchen so aufgeschrieben, wie sie seit langer Zeit mündlich weitergegeben worden sind.

Der Froschkönig

In den alten Zeiten, wo das Wünschen noch geholfen hat, lebte ein König, dessen Töchter waren alle schön, aber die jüngste war so schön, dass die Sonne selber, die doch so vieles gesehen hat, sich verwunderte, sooft sie ihr ins Gesicht schien.
Nahe bei dem Schlosse des Königs lag ein großer dunkler Wald, und in dem Walde unter einer alten Linde war ein Brunnen.
Wenn nun der Tag recht heiß war, so ging das Königskind hinaus in den Wald und setzte sich an den Rand des kühlen Brunnens.
Und wenn sie Langeweile hatte, so nahm sie eine goldene Kugel, warf sie in die Höhe und fing sie wieder, und das war ihr liebstes Spielwerk.
Nun trug es sich einmal zu, dass die goldene Kugel der Königstochter nicht in ihr Händchen fiel, das sie in die Höhe gehalten hatte, sondern vorbei auf die Erde schlug und geradezu ins Wasser hineinrollte. Die Königstochter folgte ihr mit den Augen nach, aber die Kugel verschwand und der Brunnen war tief, so tief, dass man keinen Grund sah. Da fing sie an zu weinen und weinte immer lauter und konnte sich gar nicht trösten. Und wie sie so klagte, rief ihr jemand zu:

„Was hast du vor, Königstochter, du schreist ja, dass sich ein Stein erbarmen möchte.“

Erzähler: Sie sah sich um, woher die Stimme käme, da erblickte sie einen Frosch, der seinen dicken, hässlichen Kopf aus dem Wasser streckte.

„Ach, du bist's, alter Wasserpatscher. Ich weine über meine goldene Kugel, die mir in den Brunnen hinabgefallen ist.“

„Sei still und weine nicht, ich kann wohl Rat schaffen, aber was gibst du mir, wenn ich dein Spielwerk wieder heraufhole?“

„Was du haben willst, lieber Frosch, meine Kleider, meine Perlen und Edelsteine, auch noch die goldene Krone, die ich trage.“

„Deine Kleider, deine Perlen und Edelsteine und deine goldene Krone, die mag ich nicht: Aber wenn du mich lieb haben willst, und ich soll dein Geselle und Spielkamerad sein, an deinem Tischlein neben dir sitzen, von deinem goldenen Tellerlein essen, aus deinem Becherlein trinken, in deinem Bettlein schlafen, wenn du mir das versprichst, so will ich hinuntersteigen und dir die goldene Kugel wieder heraufholen.“

„Ach ja, ich verspreche dir alles, wenn du mir nur die Kugel wiederbringst.“

Erzähler: Sie dachte aber:

„Was der einfältige Frosch schwätzt, der sitzt im Wasser bei seinesgleichen und quakt und kann keines Menschen Geselle sein.“

Erzähler: Der Frosch, als er die Zusage erhalten hatte, tauchte seinen Kopf unter, sank hinab und über ein Weilchen kam er wieder heraufgerudert, hatte die Kugel im Maul und warf sie ins Gras. Die Königstochter war voll Freude, als sie ihr schönes Spielwerk wieder erblickte, hob es auf und sprang damit fort.

„Warte, warte, nimm mich mit, ich kann nicht so laufen wie du.“

Erzähler: Aber was half dem Frosch, dass er ihr sein Quak Quak so laut nachschrie, als er konnte! Sie hörte nicht darauf, eilte nach Haus und hatte bald den armen Frosch vergessen, der wieder in den tiefen Brunnen hinabsteigen musste. Am andern Tage, als sie mit dem König und allen Hofleuten an der Tafel saß und von ihrem goldnen Tellerlein aß, da kam, plitsch platsch, etwas die Marmortreppe heraufgekrochen, und als es oben angelangt war, klopfte es an der Tür und rief:

„Königstochter, jüngste, mach mir auf!“

Brüder Grimm

So geht es weiter:

Die Rolle des Erzählers können mehrere Kinder übernehmen.

- Erzähle zu den Bildern, wie das Märchen weitergeht.
- Spielt das Märchen.

Am Schneesee

Es war einmal ein See, der war immer voll Schnee,
darum nannten ihn alle Leute nur Schneesee.
Um diesen Schneesee wuchs Klee, der Schneeseeklee,
der wuchs rot und grün, und darin äste ein Reh,
das Schneeseekleereh, und dieses Schneeseekleereh
wurde von einer Fee geliebt, die fast so schön war
wie Scheherezade, der überaus anmutigen Schneeseekleerehfee.

Diese Fee hatte, wie alle Feen dieser Gegend, sechsundsechzig Zehen,
fünfundsechzig zum Gehen und einen zum Drehen, und dieser
sechsundsechzigste Zeh war natürlich der Schneeseekleerehfeedrehzeh.
Zehendrehen macht schrecklich Spaß, doch einmal drehte die Fee
im Übermut ihren Zeh zu sehr, und da tat der Drehzeh schrecklich weh.
Zum Glück wohnte am Schneesee eine weise Frau. Die weise Frau,
eine Heckenhexe mit zwei schrecklichen Hackenhaxen, hockte gerade
vor einer Hucke Kräuter, als die kleine Fee gehumpelt kam.

„Guten Tag, beste Heckenhexe mit den Hackenhaxen!“
„Guten Tag, nette Schneeseekleerehfee mit den sechsundsechzig Zehen!
Doch was seh ich: Du humpelst? Was hast du denn?“ –
„Gehzehweh oder Drehzehweh?“–
„Drehzehweh!“
„Dann ist es nicht schlimm:
Gehzehweh ist zäh und hält sich,
doch Drehzehweh kommt und vergeht jäh –
und wodurch vergeht es?
Natürlich durch der Heckenhexe herrlichsten Tee,
den hellgelben Schnee-see-klee-reh-fee-dreh-zeh-weh-tee!

Und einen solchen hellgelben Schneeseekleerehfeedrehzehwehtee
werde ich dir jetzt brauen."
Die Heckenhexe mit den Hackenhaxen nahm Blätter
von sieben mal sieben Bäumen und Blüten
aus sieben mal sieben Träumen und
brachte sie mit Milch aus sieben Eutern und
Wurzeln von sieben Kräutern zum Schäumen,
und als der Sud sich abgeklärt hatte, wallte im Kessel der hellgelbe Tee.
Na, wenn der nicht bitter schmeckte!
„Trink das aus, nette Schneeseekleerehfee!" –
„Auf einen Zug, beste Heckenhexe?"
„Auf einen Zug, nette Schneeseekleerehfee!"

Da trank die Schneeseekleerehfee auf einen Zug
den Schnee-see-klee-reh-fee-dreh-zeh-weh-tee-kessel aus,
und als der Schneeseekleerehfeedrehzehwehteekessel ausgetrunken war,
hatte der hellgelbe Schneeseekleerehfeedrehzehwehtee
das Schneeseekleerehfeedrehzehweh aus dem Schneeseekleerehfeedrehzeh
der Schneeseekleerehfee weggehext, und da stieß die glückliche Fee ein
lautes Juchhe aus, das rings durch alle Wälder schallte.

Franz Fühmann

- Woran erkennst du, dass der Text „Am Schneesee" ein Märchen ist? Nutze die Tipps von Seite 56.
- Lies alle farbigen Wörter hintereinander.

Märchen-Merkspiel

Schreibe mit einem Partnerkind Sprüche aus Märchen auf kleine Karten. Notiert zu jedem Spruch den Titel des Märchens auf eine andere Karte.

Im Winter

Der Winter

Die Pelzkappe voll mit schneeigen Tupfen,
behäng ich die Bäume mit hellem Kristall.
Ich bringe die Weihnacht und bringe den Schnupfen,
Silvester und Halsweh und Karneval.
Ich komme mit Schlitten aus Nord und Nord-Ost.
– Gestatten Sie: Winter. Mit Vornamen: Frost.

Mascha Kaléko

So kannst du Texte vergleichen und unterscheiden

→ Tipp 1: untersuchen, worum es in den Texten geht

- Finde das Thema in jedem Text heraus.
  Worum geht es?
- Lies die Überschriften.
  Schau dir die Bilder an.
  Überfliege den Text mit den Augen.
  Lies nicht jedes einzelne Wort.

Themen sind z. B.:
Freundschaft, Schule, Tiere, Jahreszeiten, Fußball, Feste, Indianer, Abenteuer

→ Tipp 2: die Textart bestimmen und vergleichen

Untersuche die Textart von jedem Text. Was trifft zu?

Geschichte:

Der Text **erzählt** über ein Thema. Personen oder Tiere spielen eine Rolle. Manchmal sprechen sie miteinander.

Sachtext:

Der Text **informiert** zu einem Thema. Er enthält viele einzelne Informationen zu einem Thema.

Gedicht:

Der Text **erzählt** in knapper Form zu einem Thema. Die einzelnen Verse klingen besonders schön. Manchmal reimt er sich.

→ Tipp 3: das Thema näher untersuchen und vergleichen

Wenn das Thema in zwei Texten gleich ist:

- Untersuche, was du in jedem Text zum Thema erfährst.
  Was ist gleich? Was ist unterschiedlich?

Das kannst du auch vergleichen:
Textlänge, Schriftart, Schriftgröße, Illustrationen, Textschwierigkeit, wörtliche Rede, Figuren, Handlungen …

Zweimal Winter

Das Tageslicht war fast erloschen. Wintertage sind kurz, damit hatte er nicht gerechnet. Er schlug den Rockkragen hoch und stampfte über den Damm. Glücklicherweise war es nicht mehr so glatt, weil Neuschnee gefallen war. Es wurde jede Minute dunkler, und er konnte in dem Schneetreiben kaum drei Schritte weit sehn.

Es gab nicht einmal eine Straße. Er rutschte in tiefe Schneewehen, schlitterte über gefrorene Tümpel, stolperte über gestürzte Baumstämme, fiel steile Abhänge hinunter und stieß gegen Felsen. Die Einsamkeit und das Schweigen ringsum waren fürchterlich. Er hätte tatsächlich seinen Plan aufgegeben und wäre zurückgegangen, um sich mit den anderen auszusöhnen, wenn er sich nicht immer vorgesagt hätte: „Sobald ich erst König von Narnia bin, werde ich vor allem anständige Straßen bauen." Der Wunsch, König zu werden, trieb ihn gehörig voran.

C. S. Lewis

Der Winter ist die kälteste Jahreszeit. Die Natur ruht jetzt. Die Blätter der Laubbäume sind abgestorben.
Jetzt finden die Tiere in der Natur auch wenig Nahrung. Sie leben vor allem vom Winterspeck oder von ihren gesammelten Vorräten. Manche Tiere halten auch Winterschlaf. Das Winterfell schützt die Tiere vor der Kälte. Die Vögel plustern ihr Federkleid auf.
Auch wir Menschen erleben im Winter die Ruhe der Natur. Es wird zeitig dunkel und morgens später hell. Wenn es richtig kalt wird, gefriert das Wasser in Pfützen, Seen und Flüssen. Die Luft ist klar und sauber. Manchmal schneit es.

- Vergleiche die Texte. Was ist gleich? Was ist unterschiedlich?

Raureif

Es kam zu uns ein stiller Herr,
der liebe Herr November.
War mancher da,
der lauter war,
den froher wir begrüßten.

Wir hatten ihm nichts zugetraut,
dem stillen Herrn November,
da zeigte sich, er konnte was,
er konnte das Verzaubern.
Er machte jeden Halm, den Wald,
den Stacheldraht, die Zäune,
er machte uns
die ganze Welt
zu einem Raureif-Märchen.

Josef Guggenmos

Silberschatz.
Alles ist versilbert.
Bäume im neuen Antlitz.
Die stolze Rose in all ihrer Pracht
an der glitzernden
funkelnden Hagebuttenhecke.
Ihre Blätter
mit einem sanftsilbrigen Rand
hauchzart umzogen.
Sonnenstrahlen
lassen Gräser
in zauberhaftem
silbrigen Weiß erscheinen.

Nicole

Im Glanz der Kälte

Die Natur
zieht im Winter
allen Blumen
ein prachtvolles
Silbergewand an.
Stoffe aus glänzendem Wasser.
Knöpfe aus gefrorenen Perlen.
Mützen aus
zartem Raureif.
Alles in eisigem Silberweiß.

Isabelle

Der Schatz im Garten

Unser Garten –
ein silberner Zauber.
Die Hagebutte –
mit Raureif überzogen.
Gelb-grüne Blätter –
zartweiß gefroren.
Die Hagebutte
in ihrer roten Pracht –
ein Feuerball
im Wintergarten.

Melanie

- Vergleiche die Texte. Was ist gleich? Was ist unterschiedlich?
- Welche Zeilen (Verse) gefallen dir besonders?

Wenn es Winter wird

Der See hat eine Haut bekommen,
sodass man fast drauf gehen kann,
und kommt ein großer Fisch geschwommen,
so stößt er mit der Nase an.

Und nimmst du einen Kieselstein
und wirfst ihn drauf, so macht es klirr
und titscher – titscher – titscher – dirr …
Heißa, du lustiger Kieselstein!
Er zwitschert wie ein Vögelein
und tut als wie ein Schwälblein fliegen –
doch endlich bleibt mein Kieselstein
ganz weit, ganz weit auf dem See draußen liegen.

Da kommen die Fische haufenweis
und schaun durch das klare Fenster von Eis
und denken, der Stein wär etwas zum Essen;
doch so sehr sie die Nase ans Eis auch pressen,
das Eis ist zu dick, das Eis ist zu alt,
sie machen sich nur die Nasen kalt.

Aber bald, aber bald
werden wir selbst auf eignen Sohlen
hinausgehn können und den Stein wieder holen.

Christian Morgenstern

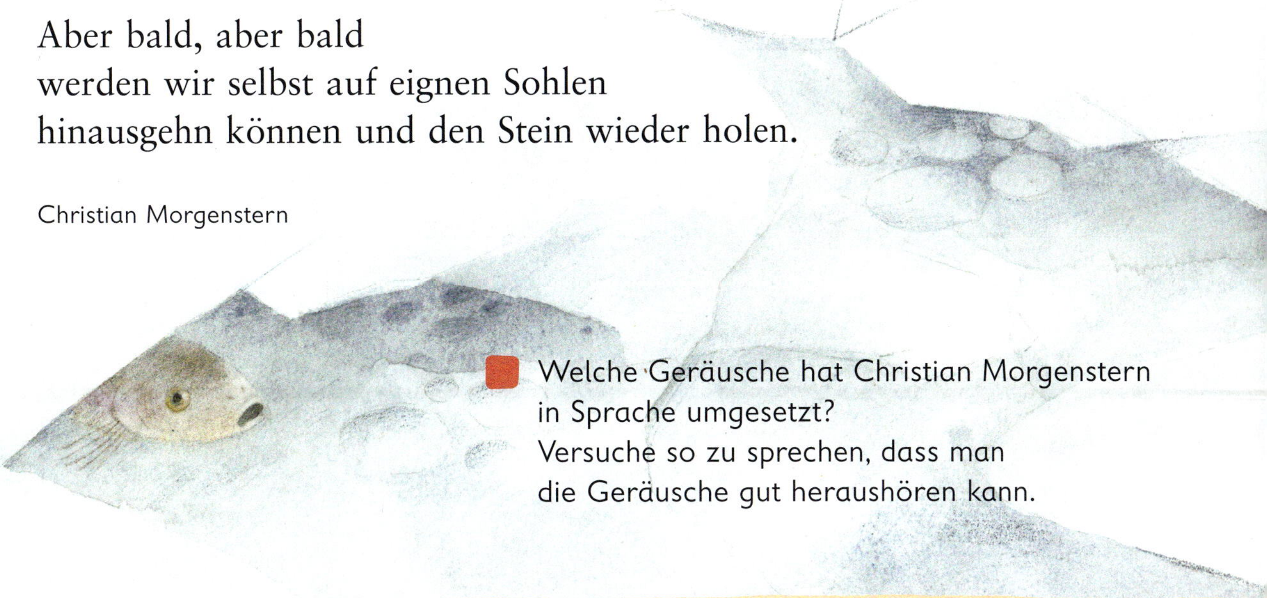

Welche Geräusche hat Christian Morgenstern in Sprache umgesetzt?
Versuche so zu sprechen, dass man die Geräusche gut heraushören kann.

Welchen Schatten wirft der Weihnachtsmann?

a b c d

Wie viele Wörter in der Kerze reimen sich?

7 5 6

Welche Wünsche stehen auf dem Wunschzettel?

Lösungen S.196

Ein Wunsch-Adventskalender für die Klasse

1. Schneidet aus blauem oder schwarzem Tonpapier eine Doppelkarte aus. Verziert sie am oberen Rand mit einem Weihnachtsmotiv.
2. Locht die Karte links und rechts. Bindet sie mit Schleifenband zu einem Briefumschlag zusammen.
3. Denkt euch einen Wunsch aus, den jemand aus der Klasse erfüllen kann. Schreibt ihn auf ein schönes Blatt und steckt ihn in einen Umschlag.
4. In der Adventszeit öffnet jeweils ein Kind einen Kalenderbrief.

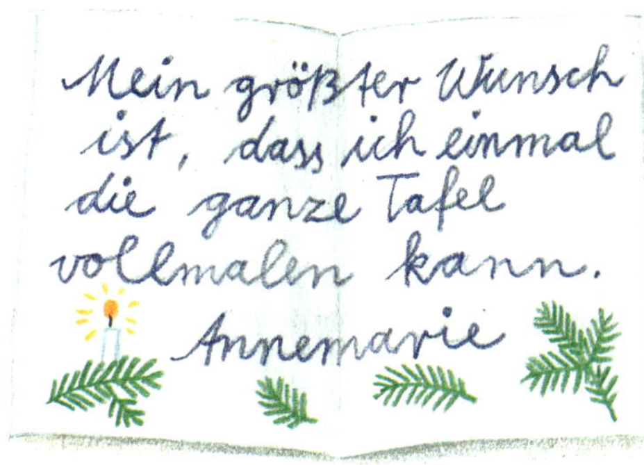

Winterliche Eigenheiten

A

1 Der Winter ist die Zeit für Schnee und Frost. Sinkt die Temperatur unter null Grad, friert Wasser zu Eis. In nördlichen Ländern sind Seen und Flüsse oft wochenlang von Eis bedeckt. Bei uns konnte man das im Jahre 2009 im Spreewald beobachten.

B

2 Die Zweige der meisten Laubbäume sind im Winter kahl. Dann könnt ihr die verschiedenen Formen der Bäume sowie die Ausrichtung und Gabelung ihrer Zweige miteinander vergleichen.

C

3 Immergrüne Bäume verlieren im Winter nicht ihre Blätter. Viele von ihnen haben sehr widerstandsfähige schmale, glänzende Blätter oder Nadeln, denen der Frost nichts anhaben kann, und Zweige, die unter der Last des Schnees nicht brechen.

D

4 Misteln wachsen meist auf Pappeln, Linden, Weiden und Weißdorn. Wenn die Bäume kahl sind, könnt ihr die Mistelgewächse gut erkennen. Ihre weißen Beeren werden von den Vögeln gefressen.

- Welches Foto passt zu welchem Text?
- Was hast du schon im Winter beobachtet? Suche ein passendes Foto. Schreibe einen kleinen Text dazu. Sammelt eure Seiten für ein Winterbuch.

Dezemberkalender

Adventskalenderanfangtag
Wunschzettelschreibtag
Wachskerzengießtag
Kirschblütenzweigtag
Fenstersternefalttag
Schuhvordertürtag
Bratapfeltag
Geschenkeeinkauftag
Strohsternklebetag
Geschenkebasteltag
Weihnachtspäckchenabschicktag
Plätzchenausstechtag
Lichterkronentag
Weihnachtsgrüßeschreibtag
Tannenbaumkauftag
Wichteltag
Rosinenstollenknettag
Weihnachtsgedichtlerntag
Geschenkeeinwickeltag
Flötenstückeinübtag

Längstenachttag
Kinderzimmeraufräumtag
Riesigaufgeregtseintag
Christgeborentag
Frühammorgenspieltag
Verwandtenbesuchtag
Geschenkeumtauschtag
Wegweisersterntag
Dankeschönschreibtag
Kerzenausbrenntag
Knallbummblitzzischtag

Hartmut Kulick

- Lies die Dezemberkalendertage vor, die du auch schon einmal erlebt hast. Zeichne ein kleines Bild dazu.
- Welchen Tagen kannst du ein bestimmtes Datum zuordnen?

Guten Abend, schön Abend

Aus Kärnten
Worte Strophen 2 und 3: Ilse Naumilkat
Satz: Magdalene Kemlein

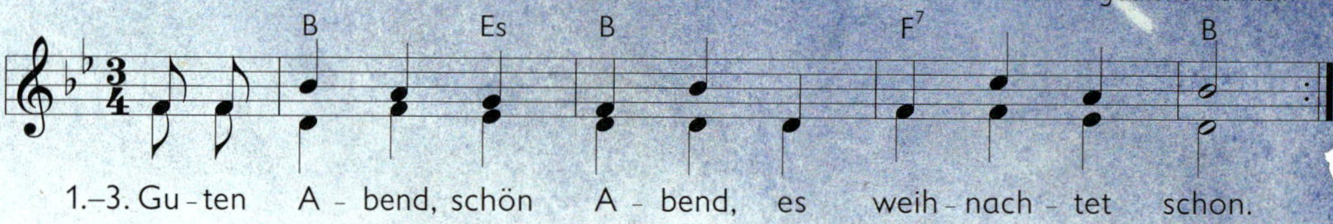

1. Am Kranze die Lichter,
die leuchten so fein,
sie geben der Heimat
einen helllichten Schein.

2. Der Schnee fällt in Flocken
und weiß steht der Wald.
Nun freut euch, ihr Kinder,
die Weihnacht kommt bald.

3. Nun singt es und klingt es
so lieblich und fein.
Wir singen die fröhliche
Weihnachtszeit ein.

Winterwunschnacht

Kalt ist's,
der Atem dampft gegen die Laternen,
und über der Mütze
schnuppt ein Stern
quer in den Himmel.
Wünsch dir was.
Wünsch dir was,
was dir keiner von uns
erfüllen wird,
und behalte den Wunsch für dich,
damit er wachsen kann.
Und jetzt wünsch dir was,
was ich erfüllen kann;
und sag's mir ins Ohr,
ich will dein Wunscherfüller sein.
Da schnuppt schon wieder einer
quer in den Himmel,
jetzt wünsch ich mir was.
Kalt ist's,
der Atem dampft gegen die Laternen.

Fritz Deppert

Das kannst du vergleichen:
Textart, Thema, Reim, Vers
und Strophe, Autor …

- Vergleiche die beiden Texte.
- Der Autor Fritz Deppert hat an zwei Stellen ein ungewöhnliches Wort verwendet. Welches ist es? Was stellst du dir beim Lesen vor?

Unterschiede und Gemeinsamkeiten von Texten finden
lebendige Vorstellungen beim Lesen und Hören literarischer Texte entwickeln

Legende vom Nikolaus

Am 6. Dezember ist Nikolaustag. An diesem Tag werden vor allem die Kinder beschenkt. Dieser Brauch ist seit etwa 500 Jahren bekannt. Nikolaus gab es nämlich wirklich. Er war ein Bischof und lebte in der türkischen Stadt Myra, die heute Demre heißt. Bischof Nikolaus half vielen Menschen, vor allem Kindern, wenn sie in Not waren.
Darüber erzählt man viele Legenden.
An einem 6. Dezember soll Nikolaus gestorben sein. Zur Erinnerung stellen die Kinder am Vorabend des Nikolaustages ihre geputzten Stiefel auf, damit sie reichlich gefüllt werden.

Verona, S. Zeno Maggiore, um 1350

Eine Legende davon ist besonders wichtig. Sie erzählt von Kindern und vom Schenken:

Die arme Familie

Einmal hörte Nikolaus von drei armen Mädchen, die verkauft werden sollten, weil die Eltern kein Geld mehr besaßen. Das war damals wirklich so.
Die Eltern konnten ihre Kinder verkaufen. Und sie taten das auch, wenn sie ihre Kinder nicht mehr ernähren konnten. Nachts, im Schutz der Dunkelheit, ging Nikolaus zum Haus dieser armen Familie und warf drei Goldmünzen durch das offene Fenster.
Dabei fiel eine der Münzen in eine Socke, die zum Trocknen aufgehängt war. Am nächsten Tag fanden die Mädchen das Geld, und die Freude war natürlich riesengroß. Nun konnte die Familie die schwere Zeit durchstehen, und die Töchter mussten nicht verkauft werden.

Roland Rosenstock

- Was ist eine Legende? Lies im Glossar nach.
- Erkläre, wer Nikolaus ursprünglich war. Lies die passende Textstelle vor.

Hilfe, die Herdmanns kommen

Der ganze Stadtteil ist sich einig: Die sechs Herdmann-Kinder sind die schlimmsten Kinder aller Zeiten. Jetzt haben die Herdmann-Kinder Ralf, Eugenia, Hedwig, Leopold, Klaus und Olli es sogar geschafft, sämtliche Hauptrollen in dem Krippenspiel zu bekommen, das zu Weihnachten aufgeführt werden soll. Natürlich erwartet jeder das schlimmste Krippenspiel aller Zeiten …*

Aber zunächst lief alles wie immer. Pünktlich um halb acht begann das Krippenspiel.

Nach dem Lied „Zu Bethlehem im Stalle“ sollten wir noch ein bisschen weitersummen, während Maria und Josef durch die Seitentür hereinkamen. Nur, sie kamen nicht. Also summten wir und summten und summten und nach kurzer Zeit klang es wie ein alter Kühlschrank. Ich schätze, wir hätten weitergesummt, bis wir schwarz geworden wären, aber es kam nicht so weit.

Ralf und Eugenia traten auf. Eine Minute lang standen sie einfach da, als ob sie nicht sicher seien, dass sie am richtigen Ort waren. Sie sahen aus wie die Leute, die man manchmal in den Nachrichten sieht: Flüchtlinge, die an einem fremden, kalten Ort wartend herumstehen. Plötzlich wurde mir klar, dass es der echten Heiligen Familie genauso ergangen sein muss.

Sie konnten gar nicht besonders sauber ausgesehen haben. Sicher hatten sie eher so ausgesehen wie diese Maria und dieser Josef. (Eugenias Schleier hing schief und Ralfs Haare standen nach allen Seiten ab.) Eugenia hatte die Babypuppe bei sich, aber sie wiegte sie nicht in den Armen, wie man es gewohnt war. Sie hatte sie über die Schulter gelegt und bevor sie sie in die Krippe legte, klopfte sie ihr zweimal auf den Rücken. Nach dem Lied „Kommet, ihr Hirten“ kam Hedwig hinter dem Engelchor hervor. Sie schubste die anderen aus dem Weg oder trat ihnen auf die Füße.

„He! Euch ist ein Kind geboren!“, schrie sie und es klang wirklich wie die beste Botschaft der Welt. Alle Hirten zitterten und fürchteten sich – vor Hedwig natürlich, aber jedenfalls wirkte es gut.

Dann kamen die Heiligen Drei Könige. Leopold trug etwas Schweres, einen Schinken. Dafür hatte er das Gefäß mit Weihrauch nicht dabei, Klaus und Olli hatten gar nichts in der Hand, obwohl sie Gold und Myrrhe mitbringen sollten. Leopold ließ den Schinken vor die Krippe fallen und dann setzten sie sich.

Während wir sangen „Gold und Weihrauch bringen wir“, sollten sich die Heiligen Drei Könige unterhalten und hinausgehen. Aber die Herdmanns hatten das entweder vergessen oder sie wollten nicht, jedenfalls unterhielten sie sich nicht und gingen auch nicht. Sie saßen einfach da und niemand konnte etwas dagegen unternehmen.

„Sie verderben alles“, flüsterte mir Alice zu. Ich fand, dass die Herdmanns nichts verdarben, sondern das Krippenspiel um vieles verbesserten, indem sie einfach das taten, was ihnen logisch erschien.

Als wir „Gottes Sohn, o wie lacht …“ sangen, sah ich zu Eugenia hinüber. Fast hätte ich mein Gesangsbuch fallen lassen. Eugenia Herdmann weinte. Sie machte nicht einmal den Versuch, die Tränen wegzuwischen. Sie saß nur da – die schlimme, schreckliche Eugenia – und weinte und weinte und weinte. Es war wirklich das beste Krippenspiel, das jemals bei uns aufgeführt wurde. Das sagte hinterher jeder, aber niemand schien zu wissen, warum es so war.

Barbara Robinson

*Aufführung der Weihnachtsgeschichte

- Welche Rollen übernehmen die Herdmann-Kinder im Krippenspiel? Was machen sie anders?
- Wie findest du das Krippenspiel der Herdmann-Kinder?

Silvester

Einen Tag noch hat das Jahr
vierundzwanzig lange Stunden.
Was gewesen ist, das …
Hab verloren, hab … .
Hab geweint und hab gelacht,
bin auch manchmal hingefallen,
aber heute, heute …
werden viele Böller … .
Böse Geister laufen fort.
Gute Geister bleiben da.
Und man wünscht an jedem …
sich ein frohes neues …

Jutta Richter

Zwei Wörter aus dem Gedicht passen besonders zum Bild. Welche?

Glücksboten für das neue Jahr

Hattest du heute Morgen Glück? Dann könnte es daran liegen, dass dir am Morgen ein Schornsteinfeger begegnet ist. Angeblich sollen manche Dinge oder Lebewesen Glück bringen. Den Glauben an diese Art von Zauberei nennt man „Aberglaube“. Er ist nicht mehr so verbreitet wie früher, aber es gibt ihn noch. Vielleicht beruhigt dich ein kleiner Glücksbringer bei Klassenarbeiten. Wenn du durch ihn das Gefühl hast, „Das schaff ich sicher!“, dann hat er seinen Zweck ja schon erfüllt.

Der Schuh vom Pferd

Findet man ein Hufeisen, so soll das Glück bringen. Liegt das daran, dass Hufeisen früher sehr teuer waren? Oder daran, dass Eisen als magisches Metall galt? Vielleicht ist der Grund auch, dass man ohne Hufeisen Pech hatte: Reiter mussten ihre Reise unterbrechen, wenn ihr Pferd ein Eisen verlor.
Auch heute noch hängen sich viele Menschen Hufeisen an die Wand – mit der geschlossenen Seite nach unten, damit das Glück nicht herausfällt.

Vierblättriger Klee

… gilt als Glücksbringer. Angeblich macht er sogar hellsichtig. Wer ihn um Mitternacht findet, wird reich. Ein vierblättriges Kleeblatt im Haus soll vor Blitzschlag schützen. Fünf- oder sechsblättriger Klee wiederum soll Unglück bringen.

Das Glücksschwein

Zu Neujahr werden oft Schweine aus Marzipan an Freunde verschenkt, damit die folgenden Monate glücklich verlaufen. Wer in China im Zeichen des Schweins geboren ist, gilt als vom Glück geküsst. Früher gab es nur wenig Fleisch zu essen. Jemand, der ein Schwein besaß, war reich.

- Kennst du noch andere Glücksboten?
  Forme einen der Glücksboten aus Modelliermasse.
  Bemale und verschenke ihn an einen lieben Menschen.

Lied der Eiszapfen

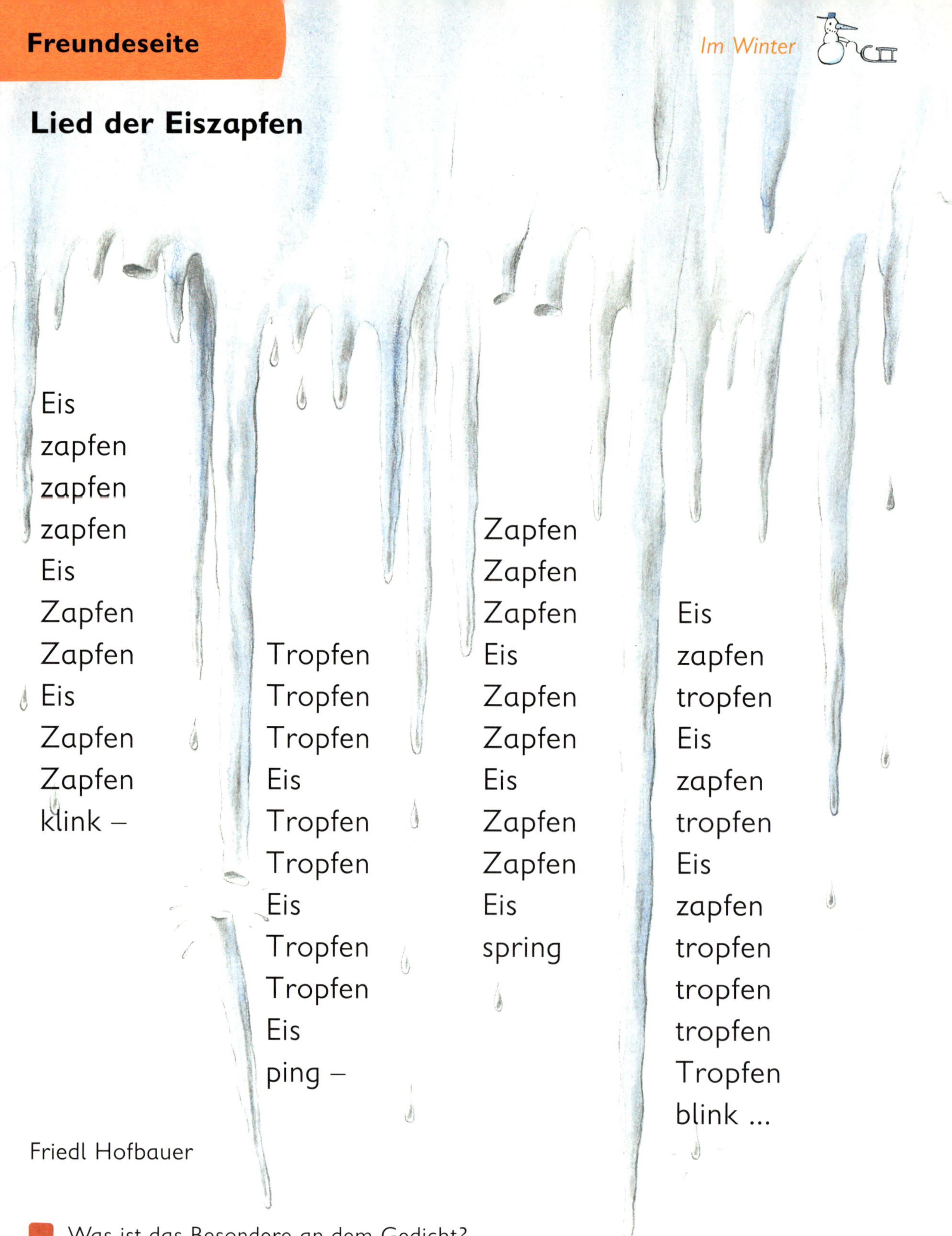

Eis
zapfen
zapfen
zapfen
Eis
Zapfen
Zapfen
Eis
Zapfen
Zapfen
klink –

Tropfen
Tropfen
Tropfen
Eis
Tropfen
Tropfen
Eis
Tropfen
Tropfen
Eis
ping –

Zapfen
Zapfen
Zapfen
Eis
Zapfen
Zapfen
Eis
Zapfen
Zapfen
Eis
spring

Eis
zapfen
tropfen
Eis
zapfen
tropfen
Eis
zapfen
tropfen
tropfen
tropfen
Tropfen
blink …

Friedl Hofbauer

- Was ist das Besondere an dem Gedicht?
  Wie klingt das Lied der Eiszapfen? Probiere aus, das Gedicht zu sprechen.
  Ein Partnerkind kann Geräusche dazu machen.

Das tut mir gut

Sich regen
bringt Segen.
Spricht aber auch nichts dagegen,
sich auf die faule Haut zu legen.

Christine Nöstlinger

So kannst du lernen, das Wichtige in einem Text zu erkennen

→ Tipp 1: ein Bild zu einem Text malen

Worum geht es hauptsächlich im Text?
Male dazu ein passendes Bild.
Gib dem Bild einen Titel.

→ Tipp 2: Überschriften formulieren

Überlege, welche Überschriften noch zum Text oder zu einzelnen Abschnitten passen.
Schreibe sie auf einzelne Papierstreifen.
Lege die Überschriften über den Text oder die Abschnitte.
Prüfe nun, welche Überschrift am besten passt.

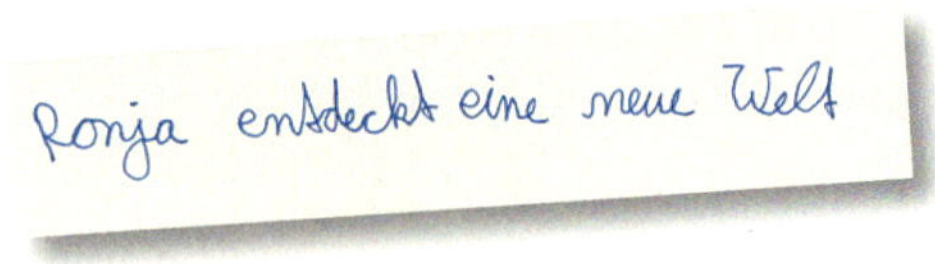

→ Tipp 3: nachdenken, wozu der Autor/die Autorin den Text geschrieben hat

Oft möchte der Autor/die Autorin mit dem Text den Lesern eine „Botschaft“ schicken. In der Lesekonferenz könnt ihr gemeinsam darüber nachdenken und eure Gedanken austauschen.

Ronja Räubertochter

Und Ronja ging. Ihr wurde bald klar, wie dumm sie gewesen war. Wie hatte sie nur glauben können, dass die große Steinhalle die ganze Welt sei? Nicht einmal die gewaltige Mattisburg war die ganze Welt.
Nicht einmal der hohe Mattisberg war die ganze Welt, nein, die Welt war viel größer. Sie war so, dass einem der Atem stockte.
Natürlich hatte Ronja gehört, wie Mattis und Lovis über das sprachen, was es außerhalb der Mattisburg gab. Vom Fluss hatten sie gesprochen. Aber erst, als sie ihn mit seinen wilden Strudeln tief unter dem Mattisberg hervorschäumen sah, begriff sie, was Flüsse waren.
Vom Wald hatten sie gesprochen. Aber erst, als sie ihn so dunkel und verwunschen mit all seinen rauschenden Bäumen sah, begriff sie, was Wälder waren. Und sie lachte leise, weil es Flüsse und Wälder gab.
Es war kaum zu glauben – wahr und wahrhaftig, es gab große Bäume und große Gewässer, und alles war voller Leben, musste man da nicht lachen!
Sie folgte dem Pfad geradewegs hinein in den wildesten Wald und kam zum Weiher. Weiter durfte sie nicht gehen, hatte Mattis gesagt.
Und der Weiher lag dort schwarz zwischen dunklen Tannen, nur die Seerosen auf dem Wasser leuchteten weiß. Ronja wusste nicht, dass es Seerosen waren, aber sie sah sie lange an und lachte leise, weil es sie gab. Dort am Weiher blieb sie den ganzen Tag und tat vieles, was sie noch nie ausprobiert hatte. Sie warf Tannenzapfen ins Wasser und lachte, als sie merkte, dass sie davonschaukelten, wenn sie nur mit den Füßen plätscherte. So viel Spaß hatte sie noch nie gehabt!
Danach legte sie sich ins Moos, um eine Weile auszuruhen, und hoch über ihr rauschten die Bäume.
Sie guckte hinauf und lachte leise, weil es sie gab.

Astrid Lindgren

- Male ein passendes Bild. Gib dem Bild einen Titel.
- Welche Überschrift passt noch zum Text?
  - Wunderschöne Seerosen
  - Ronja ist glücklich
  - Ronja aus der Mattisburg

So im Schatten liegen möchte ich

So im Schatten liegen möchte ich
und den Vögeln zusehen,
wie sie mit dem Wind ihre
Pfeilspiele treiben.
In die weißen Wolken schaun
und sie bei ihren
Verwandlungskünsten ertappen.

So im Schatten liegen möchte ich
und eine Raupe bei ihrem
Mittagessen betrachten
und ihre Borsten zählen:
Die zitternden Grashalme ansehn
und beobachten,
wie sie ihre Samen fallen lassen.

So im Schatten liegen möchte ich
und spüren,
wie mir die Sonne
an den Beinen hochklettert.
Zusehn,
wie sich die Katze
gründlich wäscht,
und versuchen,
ob ich aus ihrer Sicht
die Welt betrachten kann.

Erwin Moser

So im Schatten liegen möchte ich und ...

Einfach alles

Ich möcht ein Sack voll Blödsinn sein,
möcht tagelang nur lachen
und kreuz und quer
und vorneweg
und hinterdrein
die tollsten Sprünge machen.

Ich möcht ein Baum im Walde sein
und sanft im Wind mich wiegen,
und mutig und voll Lust
stets neue Blätter kriegen.

Ich möchte einfach alles sein,
möcht stille stehn
und springen.
Und wenn ich einmal traurig bin,
hört ihr mich leise singen.

Klaus Kordon

Was gemütlich ist

In einem Zelt sitzen,
wenn es draußen regnet.
Abends im Bett liegen und von ferne hören,
wie sich die Eltern unterhalten.
Ein bisschen krank sein, und die Mutter
bringt einem das Frühstück.
Krank sein und was mitgebracht kriegen.
Im Winter von draußen in ein warmes Zimmer kommen.
Mit jemandem im Bett liegen.
Wenn alle im Zimmer sind und sich nicht zanken.
Im Sommer unter einem Baum liegen,
und die Fliegen summen.
Auf dem Klo sitzen und Mickymaus-Hefte lesen.
Im dunklen Zimmer liegen, wenn noch alle andern auf sind,
und durch den Türspalt das Flurlicht sehen.

Roswitha Fröhlich

Faulenzen

Manchmal möchte
man
faulenzen
wie ein
Gulli im
Sonnenschein
wie ein
Rasenmäher
im Winter
wie eine
Nachttischlampe
am Tag.

Josef Reding

- Welche Zeilen in den Texten findest du besonders schön? Schreibe sie ab und begründe. Stellt eure Lieblingszeilen in der Klasse aus.
- Schreibe ein eigenes Gedicht. Nutze die Überschriften oder Textanfänge.

Ein tolles Gefühl

Lola Lachmann wohnt mit ihrer Mutter auf der „Erbse“, einem Hausboot unten am Fluss. Seitdem ihr Vater die Familie verlassen hat, ist Lola sehr unglücklich. Doch ganz langsam geht es Lola besser. Sicher hilft ihr dabei auch die Freundschaft mit ihrem Klassenkameraden Rébin.

Durch das runde Küchenfenster sah Lola ihre Mutter, die dabei war, ihre Arbeitskleidung zum Lüften aufzuhängen. Sie hatte sich ein leichtes Sommerkleid angezogen, auf dem rote große Mohnblumen leuchteten, und in ihrem Haar steckte eine Rose. Lola liebte das Kleid. Es erinnerte sie immer an den letzten Urlaub, den sie zusammen mit Papa gemacht hatten. Papa hatte Mama das Kleid gekauft und gesagt, sie sei darin schöner als der Sonnenuntergang über dem Meer. Mama hatte gestrahlt und sie hatten sich geküsst. Lola war sehr glücklich gewesen. Denn immer, wenn es ihren Eltern miteinander gut gegangen war, hatte sie das Gefühl gehabt, richtig zu sein. Lola fragte sich, wann sie das letzte Mal das Gefühl gehabt hatte, richtig zu sein. Sie musste eine ganze Weile nachdenken. Aber dann fiel es ihr ein: Als Rébin ihr gesagt hatte, dass er mit ihr befreundet sein wollte. Das war ein tolles Gefühl gewesen. Ja, da hatte sie sich richtig gefühlt.

„Mama, wann hast du dich das letzte Mal richtig gefühlt?“
Frau Lachmann kam gerade zur Tür herein und lächelte, als sie Lola sah. „Was meinst du damit, wann ich mich das letzte Mal richtig gefühlt habe?“
„Na, wann du zur richtigen Zeit am richtigen Ort mit den richtigen Menschen warst und es dir richtig gut ging und du nichts falsch gemacht hast.“
„Oh“, Frau Lachmann hob die Augenbrauen und strich sich eine Haarlocke aus dem Gesicht. „Das ist gar keine leichte Frage! Aber ich würde mal sagen, dass ich mich jetzt gerade richtig fühle. Ich bin glücklich, dich zu sehen, genieße das schöne Wetter und habe mein Lieblingskleid an.“

Annette Mierswa

- Was bedeutet es für Lola, sich „richtig“ zu fühlen? Lies im letzten Abschnitt nach.

Liebkoselied

Text: Monika Erhardt
Melodie: Reinhard Lakomy

Trost-Tipp aus Guatemala

In Guatemala besitzen fast alle Kinder solche kleinen Sorgenpüppchen. Oft haben sie diese selbst aus Stofffetzen und Pappestückchen gebastelt. Wenn die Kinder abends ins Bett gehen, erzählen sie jedem Püppchen eine Sorge und legen es dann unter ihr Kopfkissen. Am Morgen – so hoffen die Kinder – haben die Püppchen die Sorgen schon aus der Welt geräumt. Ob dieser Wunsch manchmal wahr wird?

Welche Überschrift passt besonders gut zu den Texten auf dieser Seite?
- Lachen ist gesund
- Was uns tröstet
- Sorgenpüppchen

Ab heute sind wir cool

„Ab heute", sagt Leo zu Mug, „ab heute sind wir zwei ganz anders." „Wie sind wir denn ab heute?", fragt Mug erstaunt. Er ist Leos kleiner Bruder. Und Veränderungen mag er nicht so gerne.
„Ab heute sind wir cool!", ruft Leo. „Wie sind wir denn, wenn wir cool sind?", fragt Mug.
„Wenn wir zwei Coole sind", sagt Leo, „dann sehen wir anders aus."
„Wie denn?", fragt Mug.
„Coole tragen eine dunkle Sonnenbrille, und zwar den ganzen Tag. Auch wenn es regnet und auch auf dem Klo!"
„Warum?", fragt Mug. „Weil …" Leo überlegt. „… weil Coole sich dann vorstellen können, es ist dunkle, schaurige Nacht!"
„Ja klar", murmelt Mug. Er ist ein bisschen verwirrt. Was soll denn an einer dunklen Nacht so gut sein?
„Ist das nicht ein cooler Trick?", ruft Leo. „So können sich die Coolen den ganzen Tag freuen, dass sie so lange aufbleiben dürfen!" „Ich will auch lange aufbleiben!", schreit Mug.

„Und was machen wir noch, wenn wir cool sind, Leo?"
„Wenn wir zwei Coole sind", sagt Leo, „dann schauen wir uns Filme an, für die wir eigentlich noch zu klein sind!"
„Filme mit Monstern und Vampiren und so?", fragt Mug erschrocken.
„Coole schauen nur Filme, bei denen ihnen das Blut in den Adern gefriert."
Leo hat jetzt eine richtige Gruselstimme.
„Wa-, wa-, warum tun sie das?", stottert Mug.
„Weil ..." Leo überlegt. „… weil ihnen dann vor Angst die Haare zu Berge stehen und das sieht so was von cool aus, Mann!"

„Und was machen wir noch, wenn wir cool sind, Leo?"
„Wenn wir zwei Coole sind", sagt Leo, „dann … dann benehmen wir uns ganz schlecht!"
„Wie denn?", fragt Mug.
„Coole rülpsen und pupsen beim Essen, dass es kracht. Sie schmatzen und kleckern und …"

„… und legen die Füße auf den Tisch, wenn Tante Mechthild zum Kaffeetrinken da ist!“, ruft Mug und spuckt aus dem Fenster.
Leo lacht. „Frecher als die Coolen geht’s nicht.“

„Du, Leo?“, fragt Mug und steckt einen Finger in die Nase.
„Kann es sein, dass Coolsein ganz schön anstrengend ist?“
„Na ja.“ Leo überlegt.
„Ein bisschen vielleicht schon.“
„Wenn ich beim Essen rülpse, krieg ich keinen Nachtisch“, sagt Mug und runzelt die Stirn.
„Und ich gucke am liebsten die Sendung mit der Maus, davon kriegt man keine coole Frisur. Wollen wir mit dem Coolsein bis morgen warten und erst mal spielen gehen?“
Leo muss kein bisschen überlegen.
„Einverstanden! Wir könnten einen Tunnel graben oder einen Schatz suchen oder ein Baumhaus bauen!“
„Baumhäuser sind cool!“, jubelt Mug.
Leo springt auf. „Ich hol schon mal den Hammer und die Nägel!“
Mug schaut seinen großen Bruder an und grinst. „Okay, Alter, aber ein bisschen sportlich!“

Susann Opel-Götz

Welcher Textabschnitt gefällt dir besonders gut? Begründe.
Lies den Abschnitt in der Lesekonferenz vor.

Come sta? Sto bene

Es war einmal ein Mann,
der hörte am allerbesten.
Den fragten wir: „Wie geht's auf der Welt?
Was gibt es Neues im Westen?"

Er legte sein Ohr auf die Erde:
„In Frankreich traben drei Pferde.
Es springen auch vier Fohlen,
die hüpfen im Osten, in Polen.
In Dänemark, im Norden oben,
höre ich spielende Kinder toben.
Im Süden, in Italien, da
fragt einer den andern: ‚Come sta?'
‚Sto bene', spricht der andre jetzt.
‚Wie geht's?' – ‚Mir geht's gut',
heißt das übersetzt."

Möge es allen bene gehn,
die mit uns auf dieser Erde stehn.

Josef Guggenmos

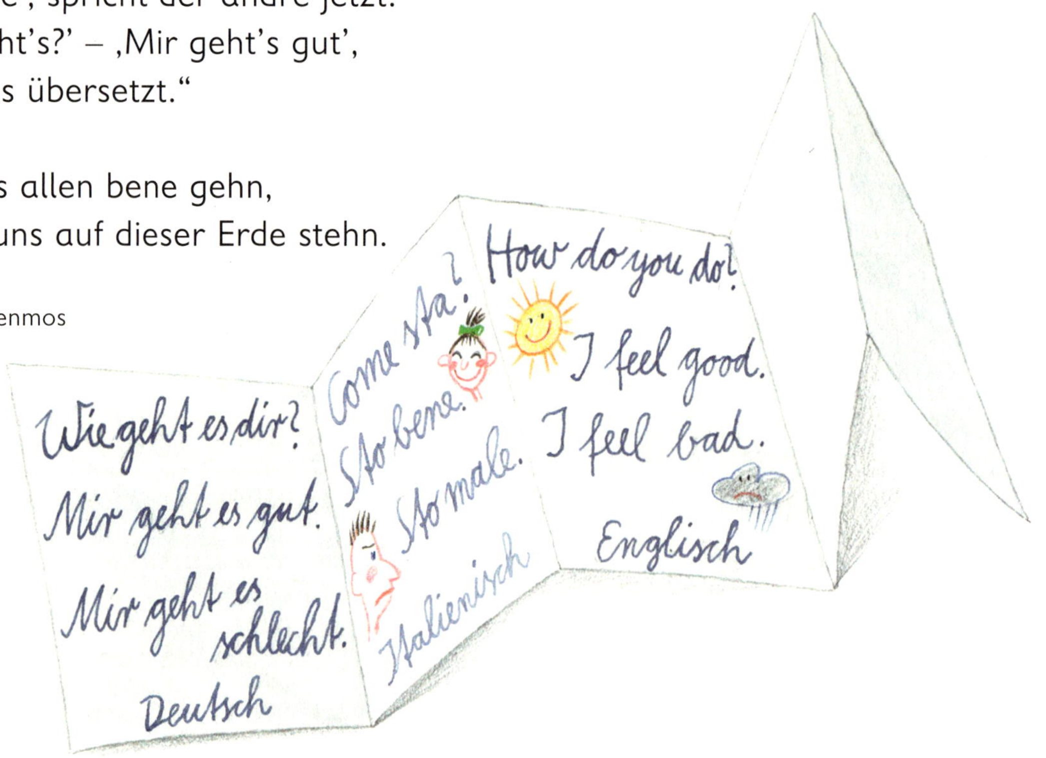

Lege ein kleines „Wie geht es dir"-Wörterbuch in verschiedenen Sprachen an. Befrage dazu Menschen, die andere Sprachen sprechen.

Früher und heute

Hat alles seine Zeit
Das Nahe wird weit
Das Warme wird kalt
Der Junge wird alt
Das Kalte wird warm
Der Reiche wird arm
Der Narre gescheit
Alles zu seiner Zeit.

Johann Wolfgang von Goethe

So kannst du schnell einen Überblick gewinnen, worum es in einem Text geht

→ **Tipp 1: an Überschriften orientieren**
Lies die Überschriften. Sie informieren dich,
worum es im Text geht.

Klassen-Ordnung

→ **Tipp 2: an Bildern orientieren**
Betrachte die Bilder, bevor du den Text liest.
Sie geben dir Tipps, worum es im Text geht.

→ **Tipp 3: auf Hervorhebungen achten**
Orientiere dich an farbigen oder fett gedruckten Wörtern.
Sie geben dir Hinweise, worum es im Text geht.

or **über 2000 Jahren** g
Chinesen, Japanern un
aus ausgestopften Tier

→ **Tipp 4: den Text überfliegen**
Rutsche mit den Augen von Zeile zu Zeile.
Lies nicht jedes einzelne Wort.
Du sollst nur einen ersten Eindruck vom Textinhalt gewinnen.

Klassen-Ordnung

1. Beim Eintritt des Lehrers haben die Schüler aufzustehen und denselben im Chor zu begrüßen.
2. Jeder Schüler sitzt ordentlich an seinem Platz.
3. Jeder legt seine Hände geschlossen auf den Tisch.
4. Jeder stellt die Füße genau nebeneinander auf den Boden.
5. Alle Schüler schauen dem Lehrer fest ins Auge.
6. Lachen, Flüstern, Umhergaffen, Hin-und-her-Rücken und Herumlaufen sind verboten.
7. Das Melden geschieht bescheiden mit dem Finger der rechten Hand. Dabei wird der Ellenbogen in die linke Hand gestützt.
8. Austeilen: Der Lehrer teilt die Bücher an die Bankobersten aus. Auf „eins“ nimmt jeder Oberste ein Buch und gibt die übrigen schnell an seinen linken Nachbarn.
   Auf „zwei“ nimmt der zweite Schüler ein Buch und gibt die übrigen weiter, usw.
9. Die Schulsachen und das Schulzimmer müssen reinlich und in Ordnung gehalten werden.

- Lies die Überschrift. Betrachte die Fotos.
- Worum geht es in dem Text?
  Tausche dich mit einem Partnerkind aus.

Bildgeschichten

Auch deine Ur-, Ur-, Urgroßeltern liebten Comics. Nur nannte man sie damals Bildgeschichten. Sie sahen auch etwas anders aus. Sehr beliebt waren die von Wilhelm Busch 1865 gezeichneten Streiche von Max und Moritz.

Fünfter Streich

Wer im Dorfe oder Stadt
Einen Onkel wohnen hat,
Der sei höflich und bescheiden,
Denn das mag der Onkel leiden. –
Morgens sagt man: „Guten Morgen!
Haben Sie was zu besorgen?“
Bringt ihm, was er haben muss:
Zeitung, Pfeife, Fidibus. –
Oder sollt es wo im Rücken
Drücken, beißen oder zwicken,
Gleich ist man mit Freudigkeit
Dienstbeflissen und bereit. –
Oder sei's nach einer Prise,
Dass der Onkel heftig niese,
Ruft man: „Prosit!“ allsogleich,
„Danke, wohl bekomm es Euch!“ –
Oder kommt er spät nach Haus,
Zieht man ihm die Stiefel aus,
Holt Pantoffel, Schlafrock, Mütze,
Dass er nicht im Kalten sitze –
Kurz, man ist darauf bedacht,
Was dem Onkel Freude macht. –
Max und Moritz ihrerseits
Fanden darin keinen Reiz. –
Denkt euch nur, welch' schlechten Witz
Machten sie mit Onkel Fritz!

Jeder weiß, was so ein Mai-
käfer für ein Vogel sei.
In den Bäumen hin und her
Fliegt und kriecht und krabbelt er.

Max und Moritz, immer munter,
Schütteln sie vom Baum herunter.

In die Tüte von Papiere
Sperren sie die Krabbeltiere. –
Fort damit, und in die Ecke
Unter Onkel Fritzens Decke!

Bald zu Bett geht Onkel Fritze
In der spitzen Zippelmütze;
Seine Augen macht er zu,
Hüllt sich ein und schläft in Ruh.

Doch die Käfer, kritze, kratze!
Kommen schnell aus der Matratze.
Schon fasst einer, der voran,
Onkel Fritzens Nase an.

„Bau!!", schreit er – „Was ist das hier?!!"
Und erfasst das Ungetier.
Und den Onkel voller Grausen,
Sieht man aus dem Bette sausen.

„Autsch!!" – Schon wieder hat er einen
Im Genicke, an den Beinen;
Hin und her und rund herum
Kriecht es, fliegt es mit Gebrumm.

Onkel Fritz, in dieser Not,
Haut und trampelt alles tot.
Guckste wohl! Jetzt ist 's vorbei
Mit der Käferkrabbelei!!

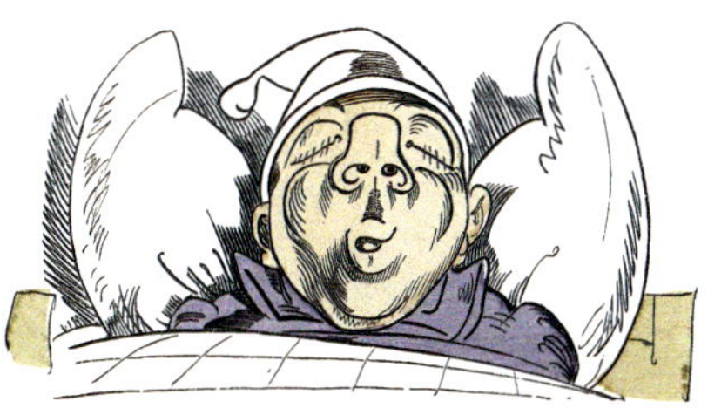

Onkel Fritz hat wieder Ruh
Und macht seine Augen zu.

Dieses war der fünfte Streich.

Betrachte die Bilder. Welchen Streich spielen Max und Moritz dem Onkel?
- Sie wecken den Onkel mit einer brennenden Kerze.
- Sie legen dem Onkel Maikäfer unter die Decke.
- Sie stehlen dem Onkel die Nachtmütze.

Rätsel für Schulkinder

1853

Wer von euch ist klug und fleißig?
Viele schöne Rätsel weiß ich!
Spitzt das Ohr und spitzt die Feder,
und nun schreib sich auf ein jeder:

Welche Uhr hat keine Räder?
Welcher Hahn hat keine Feder?

Welcher Bock hat keine Haut?
Welches Glöckchen keinen Laut?

Welcher Hut hat keinen Rand?
Welcher König hat kein Land?

Welches Häuschen hat kein Dach?
Welche Mühle keinen Bach?

Alle sind sie dir bekannt,
sag, wie werden sie genannt?

Volksgut

A	B	C	D	E	F	G	H	I	J	K	L	M	N	O	P	Q	R	S	T	U	V	W	X	Y	Z
A	B	C	D	E	F	G	H	I	J	K	L	M	N	O	P	Q	R	S	T	U	V	W	X	Y	Z
a	b	c	d	e	f	g	h	i	j	k	l	m	n	o	p	q	r	s	t	u	v	w	x	y	z
a	b	c	d	e	f	g	h	i	j	k	l	m	n	o	p	q	r	s	t	u	v	w	x	y	z

Lösungen S.196

Königliche Reise-Logelei

Ein König musste im 18. Jahrhundert auf seiner Reise regelmäßig die Pferde wechseln.
Für seine eigene Kutsche benötigte er die Hälfte der Pferde.
Die Kutsche seines Ministers wurde von der Hälfte des Restes gezogen.
Auf der verbliebenen Hälfte ritten seine beiden Diener.
Wie viele Pferde mussten für den König an der Poststation zum Auswechseln bereitstehen?

Verliebt, verlobt, verheiratet – ein Ballspiel aus alter Zeit

Alle Kinder stehen im Kreis und werfen sich möglichst überraschend und ohne feste Reihenfolge einen Ball zu.
Wer ihn fallen lässt, gilt als „verliebt“, beim zweiten Mal als „verlobt“, beim dritten Mal als „verheiratet“. Danach kommen „Kinder“ bis zu einer vor dem Spiel ausgemachten Anzahl. Lässt dann ein Spieler den Ball erneut fallen, muss er ausscheiden.

Eine alte (Scherz)-Frage

Was wiegt mehr?
Ein Kilo Eisen oder ein Kilo Federn?

Bilderrätsel

1. Buchstabe

2. Buchstabe

4. Buchstabe

7. Buchstabe

Rund ums Leder

Heute spielen weltweit ungefähr 200 Millionen aktive Fußballer und Fußballerinnen in Vereinen überall auf der Welt. Aber die Lust, mit dem Fuß einen Ball (oder so etwas Ähnliches) zu bewegen, hatten die Menschen schon viel früher:
Schon **vor über 2000 Jahren** gab es **Fußball bei den Chinesen**, Japanern und Römern. Der Ball war aus ausgestopften Tierhäuten oder aufgeblasenen Schweinsblasen und durfte auch mit den Händen ins Tor getrieben werden.
Einheitliche Regeln gab es zuerst keine. Erst die Engländer stellten **vor ungefähr 150 Jahren einheitliche Fußballregeln** auf. Handspiel war verboten und das Spiel dauerte 90 Minuten.
Später kamen noch weitere Regeln dazu. Zum Beispiel legten die „Jenaer Regeln" im Jahr 1896 fest, dass die Spielfelder in Deutschland frei von Bäumen und Sträuchern sein müssen.

Übrigens nennt man **England das „Mutterland des Fußballs"**.
Der erste Fußballverein der Welt kommt aus diesem Land. Am 24. Oktober 1857 wurde dort der FC Sheffield („Sheffield Football Club") gegründet.

nach Ursi Zeilinger

Der **Frauenfußball** hatte es lange Zeit ziemlich schwer. Viele glaubten, dass Fußball kein passender Sport für Mädchen und Frauen sei. Aber auch in Deutschland ließen sich die Frauen nicht vom Fußball abhalten und **heute** sind wir stolz, dass unsere Fußballfrauen 2007 schon zum zweiten Mal Weltmeister geworden sind.

- Lies zuerst nur die fett gedruckten Wörter. Worum geht es im Text?
- Die englischen Fußballfrauen wurden 2007 Weltmeister. Stimmt das?

- Verfahren zur ersten Orientierung über einen Text nutzen
- Texte genau lesen

AH S. 25, 26

Ein schweres Spiel für die Wilden Fußballkerle

Die Wilden Fußballkerle wollen Herbstmeister werden. Beim vorletzten Spiel der Saison treten sie gegen die SpVg Unterhaching an. Ob sie es schaffen, diese Gegner zu schlagen? Deniz, die Lokomotive, erzählt:*

Schon beim Anstoß überrollten wir unseren Gegner. Marlon passte nach rechts außen auf mich. Ich schlug die knallharte Flanke vors Tor. Dort warf sich Leon mit dem Fuß gegen den Ball. Null zu eins!
Das lief wie am Schnürchen.
Doch die *SpVg Unterhaching* gab nicht auf. Nur mit Mühe retteten wir unseren Vorsprung bis zur Pause. Doch die war zu kurz. Der Gegner war ein Jahr älter und zwei Köpfe größer. In der zweiten Hälfte verließen uns unsere Kräfte.

Fünf Minuten vor Schluss lag Haching** mit zwei zu eins vorn.
Da erkämpfte sich Leon den Ball, dribbelte sich durch drei Bewacher hindurch. Doch er wurde gefoult. Der Schiedsrichter gab einen Strafstoß für uns. Den übernahm natürlich Vanessa. Zwei zu zwei.

Der Gegner spielte den Anstoß. Ich lief in den Pass, bekam den Ball und stürmte auf das Tor zu.
Doch ich war allein. Verflixt!
Die anderen konnten nicht mehr.
So kämpfte ich mich durch meine Gegner wie eine Lokomotive auf Schienen. Erst als ich mit dem Ball ins Netz fiel, bemerkte ich, wo ich war.

Wir hatten gewonnen. Wir hatten es wirklich geschafft. Und wenn wir den *TSV Turnerkreis**** schlagen würden, könnten wir Herbstmeister werden.

Joachim Massannek

* Spielervereinigung Unterhaching
** Kurzform für Unterhaching
*** Turn- und Sportverein Turnerkreis

- Überfliege den Text. Gewinnen die Wilden Fußballkerle das Fußballspiel?
- Lies den Text genau. Lege einen Spielstein auf die Textstelle, in der eine Fußballerin ein Tor macht.

Sagenhaftes – drei Sagen

Wie Riesa zu seinem Namen kam

Es lebte einmal vor langer, langer Zeit ein Riese, der sich auf eine Wanderung durch die große, weite Welt machen wollte. So nahm er seine schwere Holzkeule auf die Schulter und ging mit Riesenschritten los. Nachdem er einige Tage gewandert war, kam er an das Ufer der Elbe und machte dort eine kleine Rast. Dabei merkte er, dass viel Sand in seine Stiefel gekommen war. Flugs zog er sie aus und ließ den angesammelten Sand herausrinnen. Das wurde – kaum sollte man es glauben – so viel, dass ein kleiner Sandhügel entstand. Als einige Zeit vergangen war, kamen Menschen in diese Gegend. Sie fanden es schön hier, bauten ihre Hütten, Häuser und sogar ein Schloss auf diesen Hügel aus Sand, sodass eine ganze Stadt entstand. Diese nannten sie aus Dankbarkeit und in Erinnerung an den Riesen, der diesen schönen Platz geschaffen hatte: R i e s a.

Sage aus Sachsen

Wie Dabel zu seinem Namen kam

Ein Jäger aus Turloff beschoss einen Hirsch und verfolgte diesen mit einem jungen Jagdhund auf der Wundfährte. Die Suche führte über grünende Wiesen und durch dichte Kiefernwälder, die von starken Eichen umgeben waren. Bei dem verwundeten Hirsch angekommen, ermunterte der Jäger den jungen Hund zum Lautgeben: „Da bell, da bell, da bell." Von Stund an hieß der Ort nun Dabel.

Sage aus Mecklenburg-Vorpommern

- Was ist eine Sage? Schlage im Glossar nach.

Wie Köpenick zu seinem Namen kam

Als der Ort noch keinen Namen hatte, warf einmal ein armer Fischer seine Netze im Müggelsee aus und fing einen großen Krebs. Der Krebs konnte sprechen und sagte zum Fischer, dass er ihn zu einem reichen Mann machen werde. Aber das würde nur geschehen, wenn er ihn nicht an seinem Wohnort verkaufen würde, sondern auf der anderen Seite der Spree. Der Fischer war zufrieden und wollte so tun, wie es der Krebs gesagt hatte.
Als der Fischer aber mit seinem Fang auf den Markt kam, vergaß er die Bedingung und wollte den Krebs verkaufen. Und schon bald interessierte sich ein Mann für den Krebs. Da begann der Krebs zu rufen: „Köp nich, köp nich!“, und der Käufer lief erschrocken davon.
Der Fischer aber stieg nun wieder mit dem Krebs in sein Boot und ruderte auf die andere Spreeseite bis nach Stralau, wo er das Schalentier für so viel Geld verkaufte, dass er ein reicher Mann wurde.
Den Heimatort des Fischers nannte man seitdem nach den Worten, die der Krebs gerufen hatte: Köpenick.

Sage aus Berlin-Brandenburg

- Lies deine Lieblingssage auf dieser Doppelseite so oft, bis du sie mit eigenen Worten erzählen kannst.
- Finde heraus, wie dein Ort zu seinem Namen kam.
  Schreibe die Erklärung als kleine Sage auf und male ein passendes Bild dazu.

Ein Zwiegespräch aus alter Zeit

Dieses lustige Gedicht ist schon sehr alt und wurde vielleicht auch von deinen Urgroßeltern in der Schule gelesen und vorgespielt.

Zwiegespräch

Guten Morgen, Fräulein Huhn!
Guten Morgen, Herr Hahn!
Was gedenken Sie zu tun?
Das geht Sie nichts an.
Wollen wir nicht etwas promenieren?
Danke, ich kann allein spazieren.
Sie haben wohl heute nicht gut geruht?
Oder macht's Ihnen böses Blut,
dass Sie noch keinen Regenwurm fanden?
Offen gestanden,
ich finde, Sie sind sehr
aufdringlich, Sie!
Dumme Gans! Kikeriki!

Gustav Falke

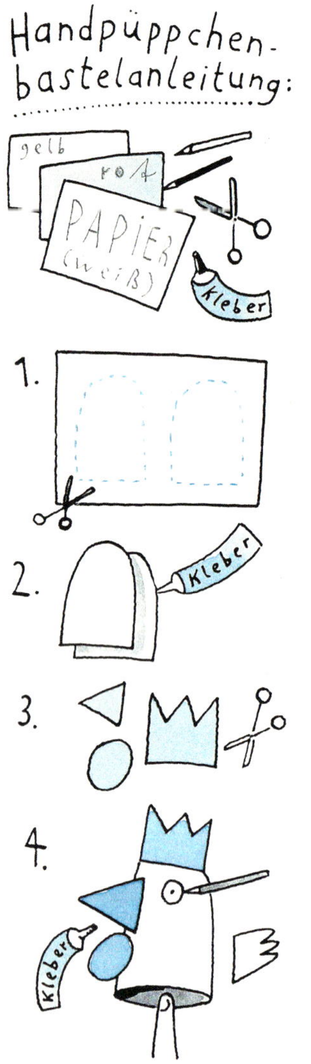

- Suche dir ein Partnerkind. Übt das Gedicht gemeinsam vorzutragen. Sprecht so, dass man sich Hahn und Huhn gut vorstellen kann.
- Spielt das Gedicht mit gebastelten Hühner-Fingerpüppchen vor.

Im Frühling

Leise zieht durch mein Gemüt

Leise zieht durch mein Gemüt
liebliches Geläute.
Klinge, kleines Frühlingslied,
kling hinaus ins Weite.
Kling hinaus bis an das Haus,
wo die Blumen sprießen.
Wenn du eine Rose schaust,
sag, ich lass sie grüßen.

Heinrich Heine

So kannst du einen Text auswählen

→ **Tipp 1: Texte auswählen zu einem bestimmten Zweck**

Überlege, wozu du einen Text auswählen möchtest:

- zum Vorlesen oder Vortragen
- zum Üben
- zum Verschenken
- um dich zu informieren
- …

→ **Tipp 2: Texte auswählen nach einer bestimmten Vorliebe**

Überlege, was du gern liest:

- Welches Thema interessiert dich?
- Magst du kurze oder längere Texte?
- Liest du gern Gedichte, Sachtexte, Comics, Geschichten oder Märchen?
- Hast du einen Lieblingsautor oder eine Lieblingsautorin?
- …

Wenn es Frühling wird …

Frühling

In meinem Garten
ist über Nacht
der Frühling erwacht.

Man kann ihn schon sehen.
Schneeglöckchen stehen
in dichten Reih'n.

Sie wecken die Vögel, die Wälder,
die Büsche, die Wiesen und Felder,
die ganze Welt
und dich und mich.

Hilga Leitner

Einzug des Frühlings

Der Wind schlägt die Trommel,
radommel, radommel,
die Sonne den Gong,
bambong und bambong.

Narzisse trompetet,
der Starenmann flötet,
der Frühling zieht ein,
der Frühling zieht ein!

Albert Gabriel

- Lies Tipp 1 auf Seite 114. Wähle dann ein Gedicht aus. Begründe deine Auswahl.

So geht es in Grönland

Ein Eskimomädchen
mit blauschwarzem Haar
steckt sein Stupsnäschen
aus einer Schneehaustür
und ruft:
„Ein Mercedes!“

Alles stürzt zu ihr,
rings liegt Grönland weiß und still.
Das kleine Mädchen schreit:
„April, April!’

Josef Guggenmos

April

April! April!
Der weiß nicht, was er will.
Bald lacht der Himmel klar und rein,
Bald schaun die Wolken düster drein,
Bald Regen und bald Sonnenschein!
Was sind mir das für Sachen,
Mit Weinen und mit Lachen
Ein solch Gesaus zu machen!
April! April!
Der weiß nicht, was er will.

Heinrich Seidel

Aufpassen: 1. April!
Bestimmt kennst du den Brauch, jemanden „in den April zu schicken“. Das kann ein Freund oder ein Bekannter sein, den man auffordert etwas zu überbringen oder irgendwo etwas abzuholen. Darum musst du aufpassen, dass dich niemand hereinlegt! Denn ehe man sich’s versieht, wird man am 1. April gefoppt. Natürlich darf man sich solche Schwindeleien nur an diesem Tag erlauben. Pass nur auf, dass dich dein Freund oder dein Lehrer nicht in den April schickt! Lass dich auch nicht von deinen Eltern in die Apotheke schicken, um eine Packung „Ibindumm“ zu holen! An diesem Tag darfst du nicht jedem alles glauben. Sei vorsichtig, wenn dich wer um Taubenmilch oder Krebsblut schicken will oder dich bittet: „Frag mal beim Nachbarn, ob er uns seine Graszange leiht!“

Wodurch unterscheiden sich die Texte auf dieser Seite? Was haben sie gemeinsam?

Das Wolkenbuch

Der April will Wolken bestellen,
er blättert im Wolkenbuch:
Das ist die Mümmelschäfchenwolke,
das ist die Dickebauchwolke,
das ist die Zirre-Birre-Federwolke,
das ist die Entenschnabelwolke,
das ist die Kussschweinchenwolke.
Was willst du bestellen?
Am liebsten alle!
Und der April blättert weiter,
er blättert und blättert
im Wolkenbuch.

Christa Wißkirchen

Frühlinter

Wer im April
spazieren will,
was tut er? Was beginnt er?
Er jubelt: Frühl… Dann schweigt er still
und murmelt matt:
Frühlinter!

Sein Schuh im Matsch
macht quitsch und quatsch,
halb Frühling ist's, halb Winter.
Ein bisschen plitsch, ein bisschen
platsch,
von jedem was:
Frühlinter.

Wohin das zielt?
Was das bezweckt?
Es kommt kein Mensch dahinter.
Wenn sich ein Kind mit Lust bedreckt,
dann frag nicht, was dahintersteckt.
Es ist April:
Frühlinter!

James Krüss

Wähle ein Gedicht von dieser Doppelseite aus.
Lerne es auswendig. Trage es vor.

Die Gießkanne und der Löwenzahn

Im hintersten Winkel eines Gartens, dicht neben der Mauer, stand einmal eine verbeulte Gießkanne. Sie war sehr alt, und sie wurde nicht mehr benützt, da sie ein Loch hatte. Die Sonne brannte herab. Es war sehr heiß. Ein Löwenzahn, der neben der Gießkanne aus dem Boden wuchs, war knapp vor dem Verdursten.
„Bitte begieße mich!“, sagte er mit matter Stimme. „Sonst muss ich sterben.“
„Ich habe kein Wasser“, erwiderte die Gießkanne. „Ich kann dir nicht helfen.“
Der Tag dauerte endlos lang. Die Gießkanne schaute den Löwenzahn an, und der Löwenzahn schaute die Gießkanne an. Wie traurig das war! Nicht helfen zu können, ist manchmal genauso qualvoll wie in Not sein. Am Abend gab es ein Gewitter, und es regnete eine Stunde lang. Der Löwenzahn erholte sich rasch und vergaß diesen schlimmen Tag. Die Gießkanne aber blieb noch lange traurig.

Erwin Moser

Warum sind Löwenzahnblüten gelb?

Warum sind Löwenzahnblüten gelb?
Das weiß jedes Kind.
Weil Löwenzahnblüten
Briefkästen sind.

Wer hat die Briefkästen aufgestellt?
Die grasgrüne Wiese.
Sie steckt in die Briefkästen
all ihre Grüße.

Wem werden die Grüße zugestellt?
Das weiß jedes Kind.
Briefträger sind
Biene und Wind.

Reiner Kunze

Der Löwenzahn

Dem Löwenzahn zum Ruhme
gibt es die Pusteblume.
Die Pusteblume ist sein Kind.
Wenn ihr nicht pustet,
kommt der Wind
und pustet ihre Sterne.
Sie fliegen in die Ferne,
und wo sie landen, seht's euch an –
da wächst ein neuer Löwenzahn.

Heinz Kahlau

Löwenzahnzeit

Im Frühling wird die Wiese wieder grün und frisch.
Die Knospen vom Löwenzahn entfalten sich, und man sieht eine gelbe Blüte. Dies scheint aber nur so. Tatsächlich besteht die Blüte des Löwenzahns aus einem kleinen Körbchen, in dem viele winzige Blüten zusammengefasst sind. Das leuchtende Gelb lockt Insekten an. Sie holen sich Pollen und Nektar. In der Blütezeit schließt sich das Blütenkörbchen immer wieder: jeden Abend, bei Regen oder großer Trockenheit und außerdem beim Verblühen. Und irgendwann bleibt es ganz geschlossen; die Früchte reifen heran. Die Früchte bestehen aus dem Samen und einem Schirmchen. Die federleichten Früchte werden vom Wind davongetragen. Aus ihnen werden neue Löwenzahnpflanzen. Sie wachsen an allen denkbaren Standorten, also nicht nur auf der Wiese, sondern in Wäldern, an Weg- und Straßenrändern, auf Schuttplätzen, in Pflasterritzen und Gärten.

Löwenzahnversuch

Du brauchst: ein Glas Wasser, ein Küchenmesser
eine Löwenzahnblüte mit Stängel

1. Schneide den Stängel der Länge nach kreuzweise ein.
2. Stell den Stängel ins Wasser.

Was passiert?

Auf dieser Doppelseite findest du eine Geschichte, zwei Sachtexte und zwei Gedichte.
Schreibe die Begriffe auf fünf Papierstreifen und ordne sie den Texten zu.

Lustige Frühlingsrätsel

Kennst du ein weißes Kätzchen,
ganz ohne Schwanz und Tätzchen,
das niemals fängt 'ne Maus
und immer bleibt zu Haus?
Das niemals schnurrt
Und niemals knurrt,
doch summt von tausend Bienen,
die sich bei ihm bedienen?

Es sitzt ein grauer Herr im Klee,
tut niemand was zuleide,
trägt eine Blume weiß wie Schnee
hinten an seinem Kleide.
Zwei Löffel hat er auch dabei,
doch nicht für Suppe oder Brei.
Maust von den Rüben und vom Kohl.
Nun sagt, wie ist sein Name wohl?

Finde die vier Frühlingsblumen

LÖ CHEN ZAHN
GLÖCK NAR
WEN MAI SE
ZIS PE TUL

Paul Maar

Frohe Ostern in anderen Sprachen

Happy Easter! (Englisch) Wesol'ych S'wia't! (Polnisch)
Hauskaa pääsiäista (Finnisch) Pasqua Felice! (Italienisch)
Joyeuses Paques! (Französisch) Pascua Feliz (Spanisch)

Lösungen S. 196

Was gibt es zu Ostern nicht?

Osterlamm Osterkerze Ostergans Osterei
Osterküken Osterfeuer Osterhase
Osterstiefel Osterbrunnen Osterfest

Was wollen uns diese Hühner sagen?

Osterrätsel

Meine Schale, die ist rund,
braun, blau, rot und richtig bunt.
Schlägst du auf die Schale drauf,
isst du mich mit Freude auf.
Erst das Gelbe, dann das Weiße,
rate, rate, wie ich heiße!

Rolf Krenzer

Oster-Gedichte zum Verschenken

Grün sind die Sträucher
im Ostergarten,
indes die Pappeln
am Wasser noch warten.
Dort eine Wolke
will sich beeilen,
hier eine weiße
will noch verweilen.

Bertolt Brecht

Bastelanleitung für eine Osterkarte

Schreibe dein Lieblings-Ostergedicht auf ein Osterei aus farbigem Papier oder bastele eine Karte. Schenke das Gedicht jemandem, dem du zu Ostern eine Freude bereiten möchtest.

Der Natur auf der Spur

Merkvers

Das Schönste, was uns die Raumfahrt zeigte,
war die Erde als blauer Stern.
Er ist bewohnbar. Aber verletzlich.

Christine Busta

Das solltest du über Sach- und Gebrauchstexte wissen

Sachtexte und Gebrauchstexte sind Texte, die informieren, erklären und Anweisungen geben.

→ Tipp 1: verschiedene Sach- und Gebrauchstexte benennen

Sachtexte sind z. B.:
- Tabellen,
- Steckbriefe,
- Lexikoneinträge,
- …

Gebrauchstexte sind z. B.:
- Rezepte,
- Spielanleitungen,
- Fernsehprogramme,
- Werbung,
- …

→ Tipp 2: Merkmale von Sach- und Gebrauchstexten kennen

Jeder Sach- und Gebrauchstext hat bestimmte Merkmale. Es ist wichtig, diese zu kennen.

Steckbrief – knapper, listenartiger Text, der die wichtigsten Dinge zu einer Person oder einem Thema enthält

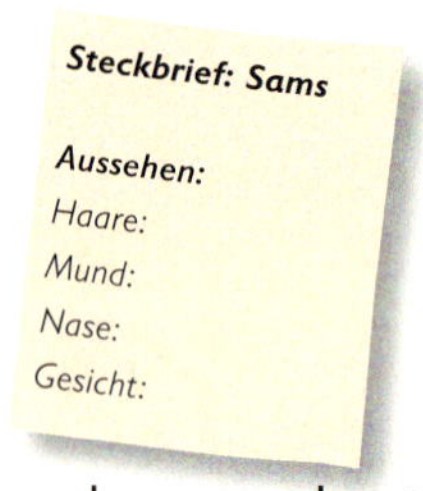
Steckbrief: Sams

Aussehen:
Haare:
Mund:
Nase:
Gesicht:

Bastelanleitung – eine der Reihenfolge nach geordnete Anweisung; sie dient dazu, etwas anzufertigen oder herzustellen

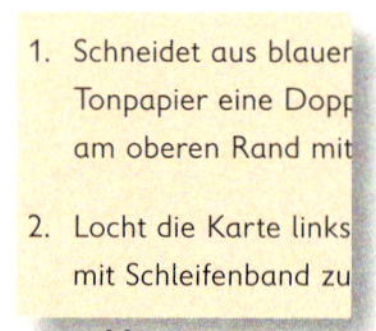
1. Schneidet aus blauer
Tonpapier eine Dopp
am oberen Rand mit
2. Locht die Karte links
mit Schleifenband zu

Werbung – will Aufmerksamkeit wecken; will meist zum Kauf von Produkten veranlassen

Tabelle – geordnete Zusammenstellung von Texten oder Daten; die Inhalte werden in Zeilen und Spalten gegliedert

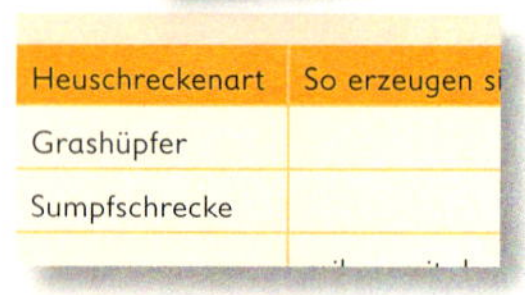

Heuschreckenart	So erzeugen si
Grashüpfer	
Sumpfschrecke	

Diagramm – grafische Darstellung von Daten oder Informationen

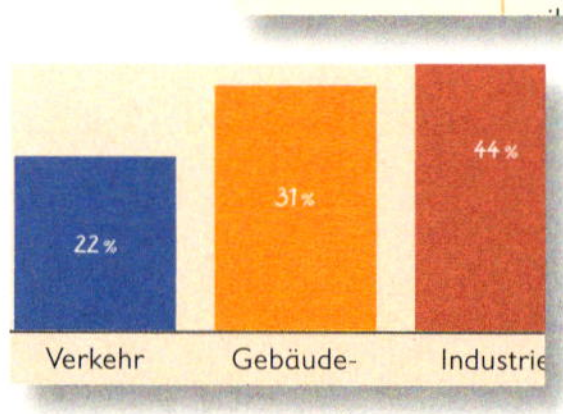

Die Buche

Standort: auf kalkhaltigen Böden – in Parkanlagen und Gärten, Laubwäldern
Größe: bis zu 40 Meter hoch
Alter: kann bis zu 400 Jahre alt werden, wird aber meistens nicht älter als 150 Jahre
Blatt: im Frühjahr – hellgrün, kleine, feine Haare; später – dunkelgrün, glänzend, mit gewellter Kante
Stamm: glatte Rinde

Blüte: nach 50 bis 80 Jahren; unscheinbare, hängende Blüten
Frucht: Ausbildung einer stachligen Frucht, die aufbricht und ihre Samen, essbare Bucheckern, freigibt
Nutzen: Schattenspender; Sauerstofflieferant; Verwendung des harten Holzes für Möbel, Parkettböden, Treppenstufen, Lineale; Bucheckern als Nahrung für Tiere

Buche: Die Buche ist Mitteleuropas wichtigster Laubbaum. Sie wird 30 bis 40 m hoch. Anders als die meisten Bäume wächst sie im hohen Alter immer noch weiter. Buchenholz ist hart und rötlich. Man sagt daher auch *Rotbuche*. Buchen haben glatte, silbergraue Stämme und eiförmige Blätter mit glatten Rändern. Die ölhaltigen Früchte heißen *Bucheckern*. Sie dienen vielen Tieren als Nahrung. *Buchstaben* waren ursprünglich Stäbchen aus Buchenholz, in die Runenzeichen* eingeritzt wurden.

*alte germanische Schriftzeichen

Ein Text ist ein Steckbrief, der andere ein Lexikoneintrag.
Schreibe die Namen der Textarten auf Papierstreifen und ordne sie zu.

25. April – der Tag des Baumes

Julius Sterling Morton war Journalist und Landwirt. Er begründete den Tag des Baumes. 1854 zog er nach Nebraska. In diesem amerikanischen Bundesstaat wuchsen damals nur sehr wenige Bäume. Julius Sterling Morton begann als Erster, viele Büsche und Bäume zu pflanzen. Ihre Wurzeln sollten den Erdboden halten, der sonst bei Wind weggeweht und bei Regen weggespült wurde. Auch viele Vögel konnten durch die neuen Bäume Nistplätze finden.

Immer wieder rief Morton die Menschen dazu auf, Bäume zu pflanzen. 1872 forderte er einen „Tag des Baumes". An diesem ersten Arbor-Day (Baum-Tag) in Nebraska wurden bereits mehr als eine Million Bäume gepflanzt. Ende des 19. Jahrhunderts beteiligten sich schließlich alle amerikanischen Bundesstaaten mit großen Baum-Pflanzaktionen an diesem Tag.

Seit 1952 wird auch in Deutschland dieser Tag mit zahlreichen Baumpflanz-Aktionen gefeiert.

Auch deine Klasse kann sich an so einer Aktion beteiligen. Informationen zum Tag des Baumes kannst du unter **www.tag-des-baumes.de** finden. Auch die Internetseite der Schutzgemeinschaft Deutscher Wald **www.sdw.de** bietet dir zu diesem Tag Wissenswertes.

■ Wo findest du weitere Informationen zum „Tag des Baumes"?

Bruder Baum

Der Baum

Zu fällen einen schönen Baum,
braucht's eine Viertelstunde kaum.
Zu wachsen, bis man ihn bewundert,
braucht er, bedenkt es, ein Jahrhundert.

Eugen Roth

Bruder Ahorn

Ich lege mein Ohr
an den Ahorn, fast hör ich
es schlagen, sein Herz.

Josef Guggenmos

BlattBlatt
BlattBlattBlatt
BlattBlattBlattVogelBlatt
BlattBlattBlattBlattBlatt
BlattBlattBlatt
BlattBlatt
Blatt
Holz
Holz
Holz
Holz
Säge
Holz

Der Apfelbaum

Ein alter Mann pflanzte kleine Apfelbäumchen. Da lachten die Leute und sagten zu ihm: „Warum pflanzt du diese Bäume? Viele Jahre werden vergehen, bis sie Früchte tragen, und du selbst wirst von diesen Bäumen keine Äpfel mehr essen können." Da antwortete der Alte: „Ich selbst werde keine ernten. Aber wenn nach vielen Jahren andere die Äpfel von diesen Bäumen essen, werden sie mir dankbar sein."

Leo Tolstoi

- Warum trägt die Seite die Überschrift „Bruder Baum"? Schreibe deine Gedanken auf.

So sind die Olchis

Olchis mögen keine Schokolade. Und auch kein Eis und keine Bonbons. Sie mögen keinen Pudding und keine Spagetti. Sie mögen überhaupt nichts von den Sachen, die uns gut schmecken. Olchis mögen viel lieber scharfe Sachen und Fauliges und Bitteres. Sie kauen gern alte Gummireifen, knabbern an verrosteten Blechbüchsen und pudern sich mit einer Dose Pfeffer! Ihre scharfen Zähne knacken Glas und Metall. Wenn etwas stinkt, dann sagen sie: „Mmm! Riecht das aber olchig!“ Sie atmen dann tief ein, so wie wir, wenn es nach frischem Gras und Bäumen duftet. Olchis wühlen gern in Müllbergen. Sie holen sich leckere Sachen aus dem Müll. Und sie freuen sich, wenn sie etwas finden, das schön stinkig, grindig und vergammelt ist. Zum Beispiel eine uralte Flasche mit einem Rest Haarshampoo. Das trinken sie besonders gern. Oder Büchsen mit alten Farbresten und Terpentin und Benzin.

Die Olchis wohnen oft in der Nähe von Müllplätzen und Abfallgruben. Auch nahe den Autobahnen graben sie sich ihre Höhlen, weil sie die Auspuffgase so gern riechen. Wenn die Autos vorbeibrausen und die Luft stickig wird vom Autodreck, sagt die Olchi-Mama zu ihren Kindern: „Heiliger Müllsack, ist das nicht ein Lüftchen! Schnauft mal tief durch!“ Dann schließen die Olchi-Kinder ihre Augen und recken ihre dicken Nasen in die Luft. Die Olchis selber verströmen auch einen ziemlich olchigen Geruch. So richtig schweflig und faulig und sumpfig. Nur Fliegen mögen den Olchi-Geruch gern. Deshalb sind Olchis immer von Fliegenschwärmen umgeben wie die Kühe in den Ställen. Olchis haben keine Ohren. Dafür wachsen ihnen drei spitze Hörner mitten auf dem Kopf. Mit diesen Hörhörnern hören die Olchis alles. Sie hören auf hundert Meter Entfernung, wie sich ein Regenwurm in die Erde bohrt.

Sie hören die Ameisen husten und die Gänseblümchen wachsen. Wenn die Olchis ihre Hörhörner einmal waschen würden, könnten sie noch viel besser hören. Aber Olchis waschen sich nie. Wozu auch? Sie stinken fein und hören gut genug.

Olchis sind auch unheimlich stark! Ich habe gehört, dass so ein mittelkleines Olchi-Kind eine Mama und einen Papa hatte, die morgens einfach nicht aus dem Bett wollten. Aber das Olchi-Kind wollte unbedingt mit ihnen Schlamm-Pfützen-springen. Da hat das mittelkleine Olchi-Kind den Papa und die Mama mitsamt dem Bett hochgehoben und aus der Höhle getragen. Mit einer Hand! Und in die Pfütze gestellt! So stark sind die Olchis. Und obwohl sie so viel Kraft haben, sind sie ziemlich stinkefaul und bequem. Am liebsten liegen sie den ganzen Tag auf einem rostigen Benzinkanister in der Sonne und warten, dass von selbst etwas passiert.

Erhard Dietl

Die Olchis im Internet

Auf **www.olchis.de** findet man noch viel mehr zu den Olchis.

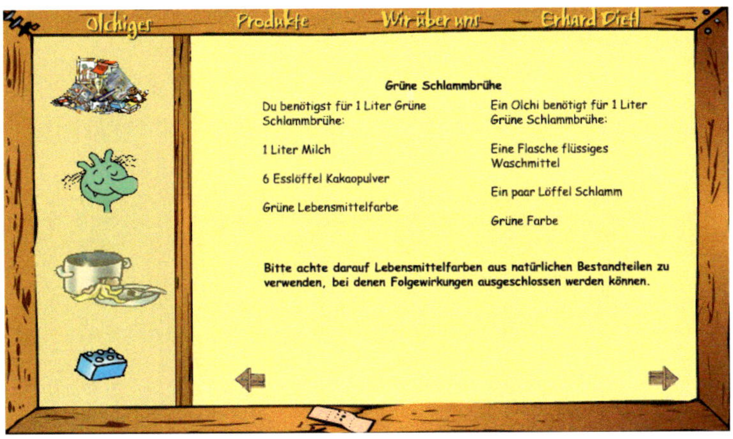

- Lies im Text nach und zeichne dann die Olchis.
  Du kannst auch einen Olchi aus Müllmaterialien gestalten.
- Suche im Internet weitere olchige Rezepte.

Finde die drei Kuckuckseier

Müll Müll Müll Müll Müll Müll Müll Müll Müll Müll Müll Müll Müll Müll
Müll Müll Müll Müll Müller Müll Müll Müll Müll Müll Müll Müll Müll Müll
Müll Müll Müll Müll Müll Müll Müll Müll Müll Mühle Müll Müll Müll Müll
Müll Müll Müll Mütze Müll Müll Müll Müll Müll Müll Müll Müll Müll Müll
Müll Müll Müll Müll Müll Müll Müll Müll Müll Müll Müll Müll Müll Müll

Was gehört zusammen?

1 Ist eine Glühlampe kaputt,

2 Kocht ihr mit Strom,

3 Wäschetrockner sind bequem und praktisch,

4 Zu viel Verpackung mit wenig Inhalt sieht cool aus,

a ist aber teuer und vergrößert den Müllberg.

b sollte der Topf genau auf die Platte passen.

c wechsle sie aus gegen eine Sparlampe.

d aber entsetzliche Energiefresser.

Finde die fünf Gegenstände im Müll

DO FLA GLÄ PA RES

PIER SCHEN TE SER SEN

Das Müll-Rätsel

1. Recycling
   - O englisches Wort für Flaschen und Gläser
   - M Wiederverwertung von Abfallstoffen
   - X Der Müll wird mit dem Fahrrad abgeholt.

2. Mülltrennung
   - Ü Biomüll in Kompost, Glas in Container, Papier zum Papiermüll
   - L eine Mülltonne auf der linken Seite und eine auf der rechten
   - P Streitigkeiten zwischen Glasflaschen und Mülltonnen

3. Biotonne
   - T Tonne mit biologischem Wissen, kann allzeit befragt werden
   - B steht im Biologieunterricht immer ganz hinten in der Ecke
   - L Behälter, in dem verrottbare Küchenreste entsorgt werden

4. Gelber Sack
   - Ö gefärbter Sack, der zum Einkaufen verwendet wird
   - L Hier kommen z.B. Jogurtbecher und Milchkartons rein.
   - C Hier kommt alles rein, was gelb ist.

Bilderrätsel

Zum Beispiel der Fluss

Der Fluss schaukelt Schiffe und
Kähne
geduldig und sanft
auf den Wellen dahin
und trägt sie ans Ziel ihrer Reise.

Er wird nicht gefragt,
nicht bezahlt, nicht geehrt;
er müht sich,
und weißt du, wie leise?

Gottfried Herold

Grieselbach-Gedicht

Wasser, rinne nicht so schnell davon,
bleibe länger bei uns.
Durch Bäume, durch Wiesen, durch Auen,
wie du, Wasser, fließt, ist es gut.
Der Weg, den du ganz von selbst nimmst,
ist der schönste Weg.

Friedensreich Hundertwasser

Das Wasser sucht sich seinen Weg

Wenn du in einen Bach oder einen Fluss spuckst, kannst du ziemlich sicher sein, dass deine Spucke irgendwann einmal zum Meer gelangt. Alle Flüsse fließen zum Meer, wenn auch nicht auf dem kürzesten Weg und nicht mit gleicher Geschwindigkeit. Dort, wo es steil ist, strömt das Wasser schneller, wo es flach ist, wird der Fluss breit und träge, wo ein Berg ist, weicht das Wasser aus. Manche Flüsse haben im Lauf von Jahrtausenden tiefe Schluchten und Täler in das Gestein gegraben. Auch heute noch verwandeln sie unaufhaltsam die Landschaft. Sie führen Sand, Steine und Geröll mit und lagern sie an anderer Stelle wieder ab.

Künstliche Flüsse

Kanäle durchziehen eine Landschaft schnurgerade wie eine Autobahn. Sie wurden ausgebaggert, um zwei Flüsse oder zwei Meere auf dem kürzesten Weg miteinander zu verbinden. Für die Schifffahrt sind sie von großem Vorteil. Fische, Vögel und Wasserpflanzen dagegen fühlen sich wohler in einem natürlichen Fluss mit seinen Windungen und Nischen.

- Auf dieser Seite findest du zwei Sachtexte über das Wasser.
  Welche Information ist für dich interessant oder neu? Schreibe sie auf.

- verschiedene Sorten von Sach- und Gebrauchstexten kennen
  Texte genau lesen

Das Wasser

Vom Himmel fällt der Regen
und macht die Erde nass,
die Steine auf den Wegen,
die Blumen und das Gras.

Die Sonne macht die Runde
im altgewohnten Lauf
und saugt mit ihrem Munde
das Wasser wieder auf.

Das Wasser steigt zum Himmel
und wallt dort hin und her,
da gibt es ein Gewimmel
von Wolken grau und schwer.

Die Wolken werden nasser
und brechen auseinand,
und wieder fällt das Wasser
als Regen auf das Land.

Der Regen fällt ins Freie,
und wieder saugt das Licht,
die Wolke wächst aufs Neue,
bis dass sie wieder bricht.

So geht des Wassers Weise,
es fällt, es steigt, es sinkt
in ewig gleichem Kreise
und alles, alles trinkt!

James Krüss

Das Wassertröpfchen

Tröpflein muss zur Erde fallen,
muss das zarte Blümchen netzen,
muss mit Quellen weiter wallen,
muss das Fischlein auch ergötzen,
muss im Bach die Mühle schlagen,
muss im Strom die Schiffe tragen.
Und wo wären denn die Meere,
wenn nicht erst das Tröpflein wäre.

Johann Wolfgang von Goethe

- Welche Zeilen in den Texten findest du besonders schön? Schreibe sie ab und begründe. Stellt eure Texte in der Klasse aus.
- Wähle von dieser Doppelseite ein Gedicht aus. Übe es laut vorzutragen.

Was verursacht hauptsächlich die Erderwärmung?

Der Anstieg der Erdtemperatur wird als globale Erderwärmung bezeichnet.
Die meisten Klimaforscher sind sich sicher, dass die von Menschen zusätzlich verursachten Treibhausgase (Kohlendioxid und Methan) schuld an der Erderwärmung sind.
Die Zunahme von Kohlendioxid geht im Wesentlichen auf vier Verursacher zurück.

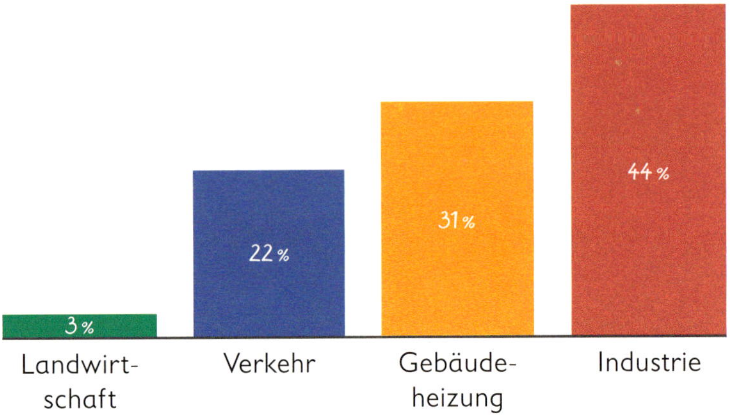

Welche Folgen hat die Erderwärmung für die Menschen?

Die Zahl der Überschwemmungen nimmt zu.
Schmilzt das Polareis, sterben die Eisbären aus.
In vielen Ländern trocknet die Erde aus. Es wächst nichts mehr.
Die Wüsten breiten sich aus.
Dadurch sind noch mehr Kinder und Erwachsene von Dürre und Hunger bedroht. Sind die Gletscher weggeschmolzen, trocknen die Flüsse aus. Schon jetzt haben viele Menschen zu wenig Wasser.

- Was verursacht die meisten Treibhausgase?
  Suche die Information im Diagramm.

Werbeplakate für eine gute Sache

Dieses Plakat gehört zu einer Aktion zur Klimarettung.
Im Internet könnt ihr viele wichtige Informationen zur Klimarettung unter **www.co2maus.de** finden.

Was möchte dieses Plakat erreichen?

- Es weckt Aufmerksamkeit für das Thema Klimarettung.
- Es informiert über Eisbären.
- Es wirbt für einen Urlaub in Grönland.

Stelle dein eigenes Natur-Tagebuch her

Jedes Stück Natur ist ein kleines Wunderwerk. Über das Jahr hinweg verändert es sich stetig. Suche einen Ort in deiner Umgebung, den du das ganze Jahr über beobachten kannst. Es ist sehr spannend, was es alles zu entdecken gibt!

Die Beobachtungen hältst du in einem Tagebuch fest. Wie du die Veränderungen darin vermerkst, ist deiner Fantasie überlassen. Male deine Beobachtungen, fotografiere sie, klebe Collagen zusammen, sammle Dinge, die du findest. Frage eine Freundin oder einen Freund, ob ihr das zusammen machen wollt.

nach Dorothee Zepp

Tipps zur Gestaltung des Natur-Tagebuches findest du unter **www.naturtagebuch.de**.

Wusstest du schon?

Kinder stellen viele Fragen,
auf die andre Antwort sagen.
Fragen dies und fragen das –
fragen macht sogar noch Spaß.

Monika Thieme

So kannst du Angebote im Netz nutzen und auswählen

→ Schritt 1: Kinder-Suchmaschine nutzen

Im Internet gibt es verschiedene Suchmaschinen für Kinder.
Diese Suchmaschinen sind besonders empfehlenswert:

www.blinde-kuh.de
www.milkmoon.de
www.helles-koepfchen.de

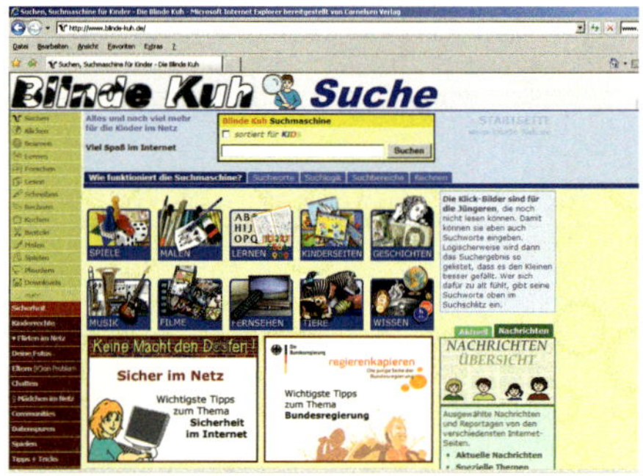

→ Schritt 2: Suchbegriff(e) eingeben

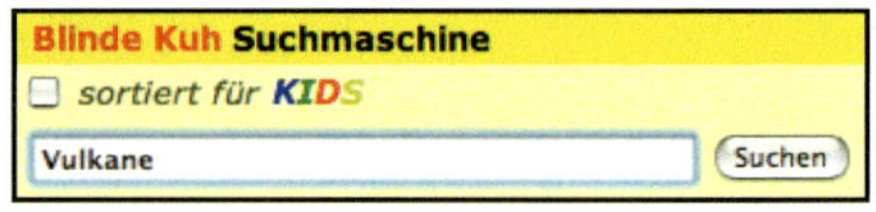

In die Suchmaschine kannst du einen Suchbegriff eingeben.
Wenn du zum Beispiel ein Angebot über Vulkane finden möchtest, dann schreibst du das Wort „Vulkane" in das Eingabefeld.

→ Schritt 3: Angebote prüfen und auswählen

Die Suchmaschine zeigt dir nun verschiedene Angebote (= Treffer) zu deinem Suchbegriff.
Prüfe, welches Angebot passend für dich ist. Wähle dann aus.

Angebote in Zeitungen und Zeitschriften, in Hörfunk und Fernsehen, auf Ton- und Bildträgern sowie im Netz kennen, nutzen und begründet auswählen

www.blinde-kuh.de

Umwelt | Vulkane | SWR Kindernetz

Pompeji

Stadt unter Asche

BK-TIPP

Alter = **um die 11 Jahre**, Land = **Deutschland**, Sprache = **Deutsch**

Alles war normal am Morgen des 24. August 79. Dann brach der Vesuv aus und begrub Pompeji unter sich. Nach vielen Jahrhunderten ist die Stadt magischer Anziehungspunkt für Archäologen und Touristen.

- **mehr darüber im Infonetz vom SWR Kindernetz**

Alter: S M L XL

Umwelt | Vulkane

Vulkane im All

BK-TIPP

Alter = **ab 9 Jahre**, Land = **Deutschland**, Sprache = **Deutsch**

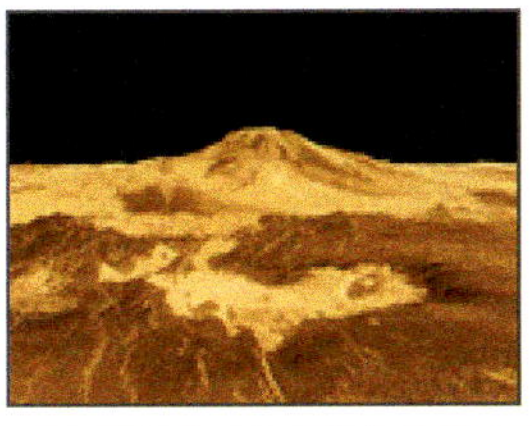

Auf der Erde gibt es viele und sehr hohe Vulkane. Doch wer hätte gedacht, dass es auch Vulkane auf anderen Planeten gibt?

- **Weiter zur Kinder Uni im Netz**

Alter: S M L XL

Umwelt | Vulkane

Exkursion zu erloschenen Vulkanen

BK-TIPP

Alter = **ab 9 Jahre**, Land = **Deutschland**, Sprache = **Deutsch**

Vulkane in Deutschland und dann noch in und um Heidelberg? Ja, aber natürlich keine aktiven Vulkane mehr.

- **Weiter zur Kinder Uni im Netz**

Alter: S M L XL

Leon aus der dritten Klasse möchte einen Vortrag über Vulkane in Deutschland halten. Welches der drei Angebote in der Suchmaschine „Blinde Kuh" empfiehlst du ihm? Begründe deine Auswahl.

Warum spuckt die Erde Feuer?

Vulkan Eldfell
auf der Insel Heimaey,
Island

Die Erde war einmal ein glühender Feuerball. Im kalten Weltall kühlte sie allmählich ab. Innen ist unser Planet immer noch sehr heiß. Flüssiges Gestein – es heißt Magma – kocht im Inneren. Beim Abkühlen hat die Erde eine Kruste bekommen – wie ein Pudding eine Haut bekommt, wenn er erkaltet. Auf dieser Kruste befinden sich die Kontinente und Ozeane.
An einigen Stellen der Erde ist diese Kruste sehr dünn. Sie kann durch das gasreiche Magma, das einen ungeheuren Druck ausübt, aufgerissen werden. Dann entsteht ein Vulkan. Zurzeit gibt es auf der Erde etwa noch 500 tätige Vulkane.

Brodelnder Lavastrom

Ein Maarsee in der Vulkaneifel – ein ehemaliger Vulkan

Sobald das Magma ausgetreten ist, heißt es Lava. Die brodelnde Lava erstarrt allmählich und bildet bizarre Felsen oder Berge. Bei einem Vulkanausbruch können außerdem Gase, Asche und Steine herausgeschleudert werden. Die großen Steine nennt man Bomben.
Gefährlich sind Vulkane, in denen sehr zähflüssiges Magma aufsteigt. Das Magma kann den Schlot des Vulkans verstopfen. Darunter bildet sich ein starker Druck.
Und irgendwann wird der Pfropfen herausgesprengt.
Es gibt eine starke Explosion und große Mengen Lava können hervorspritzen.

Der letzte Vulkanausbruch in Deutschland war vor über 10 000 Jahren in der Eifel. Damals explodierte der Laacher-See-Vulkan mit enormer Wucht. Es schoss so viel Asche und Gestein hervor, wie in 1 000 Güterwagen passen. Falls in der Eifel noch mal ein Vulkan ausbricht, dann ganz bestimmt erst in sehr ferner Zukunft. Keiner der Menschen heute wird es erleben.

Lies erst den Text genau. Entscheide dann.

Magma ist
- der Name eines alten Vulkans.
- das flüssige, kochende Gestein.
- der Name für die Wissenschaft von den Vulkanen.

Lava ist
- die Bezeichnung für den Vulkanausbruch.
- der Name für große Steine.
- aus dem Vulkan getretenes, allmählich erstarrendes Magma.

Wo findet man Diamanten?

Diamanten gehören zu den begehrtesten und kostbarsten Schätzen unserer Erde. Sie entstehen tief im Erdinnern, in mehr als 100 Kilometern Tiefe. An die Erdoberfläche gelangen sie sozusagen als „blinde Passagiere“ bei Vulkanausbrüchen. Wer einen Diamanten findet, kann sich glücklich schätzen …

Diamantenfieber früher

1867 fand ein Bauernjunge bei Kimberley in Südafrika einen ungewöhnlich glitzernden Stein. Er schenkte ihn seiner Schwester. Es war ein Diamant. Wenige Jahre später wurden auf einem nahen Hügel weitere Diamanten entdeckt. Tausende von Menschen strömten herbei und begannen zu buddeln. Alle waren im Diamantenfieber. Schnell war der Hügel abgetragen. Nun gruben sich die Abenteurer in die Tiefe. So entstand ein riesiges von Menschenhand geschaffenes Loch.

„Big Hole“, das große Loch, ist über 800 Meter tief. Es hat einen Durchmesser von 500 Metern. Fast drei Tonnen Diamanten hat man aus ihm geborgen. So viel wiegt ein Kleintransporter. Heute ist die Mine* geschlossen. Aus Südafrika stammen viele berühmte Diamanten. Hier wurde auch der weltweit größte Rohdiamant gefunden. Er wog 621 Gramm. Man hat ihn in 105 Teile zerlegt. Der größte dieser Teile ziert die britische Königskrone.

nach Rainer Crummenerl

* unterirdischer Gang, in dem Gold oder Edelsteine abgebaut werden

Auf Schatzsuche in Deutschland

Diamantenminen gibt es in Deutschland nicht. Aber in den Edelsteinminen in Idar-Oberstein kannst du tief im Berginnern auch Edelsteine finden. Und die darfst du dann sogar behalten.

Informiere dich im Internet über die deutsche Edelsteinmine unter **www.edelsteinminen-idar-oberstein.de**.

Diamantenfieber heute

Auch heute noch werden Menschen immer wieder vom Diamantenfieber gepackt. Manchmal sind es Abenteurer, die losziehen, um ihr Glück zu versuchen. Oft sind es aber auch arme Menschen. Alle haben den gemeinsamen Traum, durch einen Diamantenfund zu Reichtum zu kommen.

Dienstag | 2. Juni | 17:17 Uhr   LOGIN   REGISTRIEREN   RSS   Mobil

LAUSITZER RUNDSCHAU

Home | Lokales | Nachrichten | Meinungen | Serien | Ratgeber | Anzeigen | Abo

Politik | Wirtschaft | Sport | Wissenschaft | Kultur | Vermischtes | Brandenburg | Sachsen | Polizeinachrichten

HOME ▸ NACHRICHTEN ▸ VERMISCHTES   SCHRIFT + –

LR-PANORAMA 01.06.2007   DRUCKEN   VERSENDEN   BOOKMARKEN

Diamantensucher buddeln Schulhof in Simbabwe um

JOHANNESBURG/HARARE. **Auf der Suche nach Diamanten haben Hunderte Menschen eine Schule in Simbabwe* gestürmt und den Spielplatz ruiniert. Mit Hacken und Schaufeln rissen sie in einem Vorort der Hauptstadt Harare die Mauer der Grundschule nieder und begannen zu buddeln.**

Die Schatzsucher lösten Chaos aus, der Unterricht wurde unterbrochen, wie die Zeitung «The Herald» gestern berichtete. Die herbeigerufene Polizei sei mit Steinwürfen daran gehindert worden, die Glücksritter zu vertreiben.

Anlass für den Ansturm war ein Schüler, der zwei glitzernde Steine aufgelesen und seinem Lehrer gezeigt hatte. Danach kursierte das Gerücht, unter dem Spielplatz seien Diamanten entdeckt worden. Geologen des Bergbauministeriums setzten der Hoffnung auf Reichtum dann aber einen Dämpfer: Nach ihren Informationen waren die «Diamanten» nichts weiter als wertlose Quarzstücke. *(dpa/dk)*

*Land im südlichen Afrika

- Warum kamen so viele Menschen zu einem Schulhof, um nach Diamanten zu suchen?

Funkelnde Kristalle – selbst gezüchtet

Du brauchst:

- *ein Stück Pfeifenreiniger*
- *240 Milliliter heißes Wasser aus dem Hahn*
- *360 Gramm Bittersalz*
- *Wollfaden*
- *Bleistift oder Schaschlik-Spieß*
- *Glas*

1. Biege aus dem Pfeifenreiniger eine Form. Binde den Faden daran.

2. Nimm das Glas mit dem heißen Wasser. Rühre so viel Bittersalz in das heiße Wasser ein, bis Salz am Glasboden liegen bleibt.

3. Binde die Form an einen Bleistift. Hänge sie in das Glas mit der Lösung.

4. Stelle das Glas auf ein sonniges Fensterbrett oder an einen anderen warmen Platz – außer Reichweite von kleinen Kindern und Haustieren.

5. Lass das Glas mehrere Tage stehen.

Verhaltensregeln bei Erdbeben

In jedem Satz ist ein Wort zu viel. In der richtigen Reihenfolge zusammengesetzt, ergeben die Wörter einen Satz.

- Bleib ganz das ruhig.
- Wenn du in einer Wohnung bist, suche unter einem Beben Tisch Schutz.
- Halte dich von allem fern, was dauert herabstürzen könnte.
- Benutze nicht den nicht Aufzug.
- Wenn du im Freien bist, entferne dich von Gebäuden, Brücken lange und Stromleitungen.

Wilde Wellenreiter

Auf den Wellen zu reiten macht vielen Menschen Spaß. Dabei gibt es verschiedene sportliche Möglichkeiten:

1 Surfer benutzen für ihren Sport nur ein Surfbrett. Mit diesem „reiten" sie liegend oder stehend auf der Welle entlang.

2 Windsurfer haben ein Surfbrett, das mit einem Segel verbunden ist. Sie nutzen beim Reiten über die Wellen zusätzlich die Kraft des Windes aus.

3 Sehr modern ist heute das Kite-Surfen. Bei dieser Sportart ist am Surfbrett ein „Kite" – ein Lenkdrachen – befestigt, den man zur Fortbewegung auf dem Wasser nutzt.

Wie entstehen Wellen?

Wellen durch Wind

Herrscht Windstille, kann das Meer flach wie ein Spiegel daliegen. Doch wenn Wind über die Meeresoberfläche streicht, kräuselt sich das Wasser. Je stärker der Wind, desto höher die Wellen. Bei einem schweren Sturm können sie bis zu 20 Meter aufragen. So hoch wie ein fünfstöckiges Haus! Wenn kein Kontinent im Weg ist, wandern kräftige Wellen über Tausende von Kilometern. So kann es passieren, dass in einer Gegend hohe Brandung herrscht, auch wenn dort kaum ein Lüftchen weht.

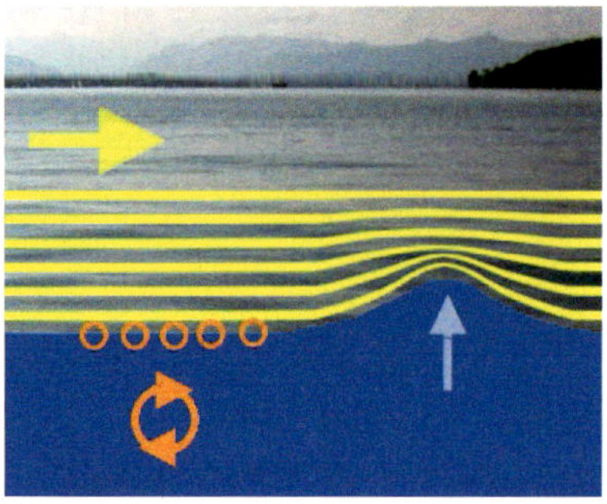

Doch es ist nicht das Wasser, das quer über den ganzen Ozean reist. Wellen bestehen aus Bewegung. Vielleicht habt ihr schon mal gesehen, wie Zuschauer in einem Sportstadion „La Ola" machen. „La Ola" heißt „die Welle". Es sieht aus, als würde eine Welle durch die Zuschauermenge laufen. Dabei haben die Menschen ihren Platz nicht verlassen. Sie sind nur aufgesprungen und haben die Arme gehoben. So ähnlich funktioniert auch eine echte Welle. Nur die Bewegung pflanzt sich durchs Wasser fort.

Sylvia Englert

Wellen durch Seebeben

Riesige Flutwellen – Tsunamis – entstehen, wenn es auf dem Meeresboden zu einem Beben kommt. Die gewaltigen Erschütterungen eines solchen „Seebebens" können Wellen erzeugen, die bis zu 80 Meter hoch werden und ganze Küstenstreifen verwüsten.

- Suche über eine Kinder-Suchmaschine weitere Informationen über Tsunamis.
- Wenn du mehr über Meere und Ozeane wissen möchtest, dann nutze den nebenstehenden Buchtipp.

Die große Welle

Hokusai, Die große Welle vor Kanagawa, um 1830

Vom Wintersturm
blieb am Ende
nur das Meeresrauschen

Ikeniski Gonsui

Es wütet der Sturm,
Und er peitscht die Wellen,
Und die Welln, wutschäumend und bäumend,
Türmen sich auf, und es wogen lebendig
Die weißen Wasserberge,
Und das Schifflein erklimmt sie,
Hastig mühsam,
Und plötzlich stürzt es hinab
In schwarze, weitgähnende Flutabgründe.

Heinrich Heine

Vergleiche den Inhalt der beiden Gedichte miteinander.

Wann erscheint am Himmel ein Regenbogen?

Die Sonne muss scheinen – das sehen wir als weißes Licht. Dieses weiße Licht erscheint uns aber nur weiß. In Wirklichkeit sind darin alle Farben enthalten – Rot, Orange, Gelb, Grün, Blau, Violett – und die breiten sich gleichmäßig zusammen in alle Richtungen aus.

Wenn das weiße Sonnenlicht auf Regentropfen trifft, können sich die Sonnenlicht-Farben nicht mehr zusammen ausbreiten. Jede ändert dann mitten im Tropfen ein wenig ihre Richtung und dadurch sieht man auf einmal alle Farben einzeln – in dieser Reihenfolge: Rot, Orange, Gelb, Grün, Blau, Violett. Wissenschaftler sagen dazu: „Das Licht wird gebrochen."

Wie du einen Regenbogen siehst, hängt davon ab, wo du stehst und wie die Sonne steht. Natürlich musst du die Sonne im Rücken haben und vor dir die Regenfront. Schau also dorthin, wohin dein Schatten fällt! Steht die Sonne sehr tief, wirst du einen hohen Regenbogen sehen, steht sie hoch, nur einen sehr flachen.

Regenbogen – selbst gemacht

An sonnigen Tagen kannst du auf ganz einfache Weise selbst einen Regenbogen herstellen.

Stelle dich mit dem Rücken gegen die Sonne und sprühe etwas Wasser in die Luft. Schon entsteht ein Regenbogen.

Aus welchen Farben setzt sich das Sonnenlicht zusammen?

Überall auf der Welt findet man Geschichten über den Regenbogen.
Die Kichwa-Indianer aus Ecuador erzählen sich diese:

Wie der Regenbogen die Vögel färbte

Am Anfang waren alle Vögel grau und braun, sogar die Aras*. Niemand schaute ihnen nach, wenn sie durch die Lüfte flogen, oder sammelte gar ihre Federn, um Kopfschmuck daraus zu flechten. Gänzlich unbemerkt flogen sie umher, bauten ihre Nester versteckt in den Wipfeln der höchsten Bäume und **schämten sich** ein bisschen.
„Warum nur sind alle Blumen so schön bunt und wir so unscheinbar?“, fragten sie einander.
Und weil auf solche Fragen niemand außer **Inti, dem Sonnengott**, eine **Antwort** weiß, machten sich **alle Vögel** schließlich gemeinsam auf den Weg und **flogen** in einem riesigen Schwarm **gen Himmel**.
Inti staunte nicht schlecht. „Was machen all diese Vögel am Himmel?“, fragte sich der **Sonnengott voller Sorge**. „Sie werden sich an mir **verbrennen**!“
Schnell rief er **Schwester Wolke** zu Hilfe, auf dass diese sich schützend mit einem **Regenschauer** vor ihn schöbe.
Da **entstand ein Regenbogen** von derartiger Schönheit, dass die **Aras** vor Freude Purzelbäume schlugen. Bald waren sie gänzlich **mit leuchtenden Farben bedeckt**.

Andere Vögel waren vorsichtiger, sie näherten sich zaghaft und streiften den Regenbogen höchstens **mit den Flügelspitzen oder mit dem Schwanz**. Wo sie ihn aber berührt hatten, da verfärbten auch sie sich.
Nur die winzigen **Kolibris** hielten sich abseits, sie **hatten Angst** vor all den großen Vögeln. **Doch Tropfen des Regenbogens** fielen auch auf sie herab, sodass sie **hinfort metallisch bunt** glänzten.

aus Ecuador, nacherzählt von Beate Köhne

* Papageien

- Versuche die Geschichte mit eigenen Worten zu erzählen.
  Nutze die fett gedruckten Wörter.

Erde

Ich weiß,
dass die Erde um die Sonne kreist,
dass die Erde manchmal bebt und Feuer spuckt,
und kann doch mit meinen Beinen
fest auf der Erde stehen
oder auf der blanken Erde schlafen.
Wenn ich was Dummes gemacht habe,
möchte ich vor Scham in die Erde sinken.
Aber wenn ich glücklich bin,
habe ich den Himmel auf Erden.

Rosemarie Künzler-Behncke

Warum falle ich von der Erde nicht runter?

Warum sieht die Erde vom Weltall aus fast ganz blau aus?

Wie schnell dreht sich die Erde?

Was möchtest du noch über die Erde wissen?
Lege ein Fragenheft an.
Schreibe immer auf die linke Seite eine Frage.
Suche Antworten im Internet, im Lexikon oder frage Experten.
Schreibe die Antwort auf die rechte Seite.

Mit Tieren leben

Der Eber ist stets missgestimmt,
weil seine Kinder Ferkel sind.
Nicht nur die Frau, die Sau, alleine,
auch die Verwandten – alles Schweine.

So kannst du einen Text mit eigenen Worten wiedergeben

→ Tipp 1: einen roten Faden erstellen und nutzen

Lies jeden Abschnitt einzeln.
Schreibe drei bis fünf wichtige Wörter oder Wortgruppen zu jedem Abschnitt auf jeweils ein Kärtchen.
Verbinde die Kärtchen mit einem roten Faden.
Gib den Inhalt des Textes mithilfe des roten Fadens wieder.

→ Tipp 2: einen Steckbrief erstellen und nutzen

Lies jeden Abschnitt des Textes einzeln.
Prüfe, zu welchem Begriff des Steckbriefes die Information gehört.
Ergänze den Steckbrief.
Gib den Inhalt des Textes mithilfe des Steckbriefes wieder.

Tier-Steckbrief
Name:
Aussehen:
Verhalten:
Fortpflanzung:
Haltung:
Futter:

Schwein gehabt

Endlich kamen wir nach Hörpel, einem kleinen Dorf. In einem Gasthof wurde gerade ein Fest gefeiert. Die Dorffeuerwehr hatte ihr 50-jähriges Jubiläum. Unter den Kastanienbäumen saßen die Leute an langen Holztischen, tranken Bier und aßen Bratwürstchen. Auf einem Podium spielte eine Blaskapelle. Wir konnten uns endlich hinsetzen und bekamen unsere Limo. Irgendwann hörte die Kapelle auf zu spielen, und ein Mann in Feuerwehruniform ging zum Mikrofon und sagte: „Jetzt beginnt unsere Tombola. Jeder, der ein Los kauft, hilft damit, dass wir uns einen neuen Hochdruckschlauch kaufen können. Es gibt sehr viele kleine und einen sehr nahrhaften Hauptpreis."

Dann kam ein Mann an unseren Tisch mit einem kleinen Eimer in der Hand, und darin waren die Lose. Jeder von uns durfte sich eins kaufen. Mein Los war eine Niete. Betti bekam einen Trostpreis, einen Fahrradwimpel mit der Aufschrift: Freiwillige Feuerwehr Hörpel. Zuppi zog eine rote Nummer. Als die Lose verkauft waren, rannte sie damit nach vorn, zum Podium. Der Feuerwehrmann ließ sich das Los zeigen und rief: „Die Nummer 33! Hier ist die Gewinnerin des Hauptpreises!

Wie alt bist du?" – „Sechs." – „Gehst du schon zur Schule?" – „Nein, ich bin erst vor zwei Wochen sechs geworden." – „Weißt du, was du gewonnen hast?" – „Nein."– „Du hast Schwein. Du hast nämlich ein kleines Schwein gewonnen." Und dann hob der Mann ein Ferkel aus der Kiste und drückte es Zuppi in die Arme.

Uwe Timm

- Lies den Text abschnittsweise.
  Schreibe drei bis fünf Wörter oder Wortgruppen zu jedem Abschnitt auf ein Kärtchen. Verbinde diese mit einem roten Faden. Gib den Text mithilfe des roten Fadens wieder.

Das Hausschwein

Schweine gehören zu unseren ältesten Haustieren. Schon vor vielen Tausend Jahren wurden wilde Schweine gezähmt. Das männliche Schwein wird als Eber bezeichnet. Es besitzt meist zwei große, spitze Eckzähne, die Hauer. Das weibliche Schwein heißt Sau. Die Jungtiere nennt man Ferkel.

Ein Schwein kann 15 Jahre alt werden, doch meistens lebt es weniger als ein halbes Jahr. So lange dauert es, bis aus einem Ferkel ein schlachtreifes Tier von gut 100 Kilo geworden ist.

Ein Schwein frisst nahezu alles: Kartoffeln, Rüben, Mais, geschrotetes Getreide. Mit seiner Nase, dem Rüssel, wühlt das Schwein im Boden herum. Dort findet es Regenwürmer, Schnecken und Wurzeln, die es sehr gern frisst. Es säuft mindestens 10 Liter Wasser am Tag.

Das erwachsene Schwein wiegt bis zu 400 Kilo. Sein Körper ist gedrungen, zwischen 50 und 180 cm lang. Es hat einen großen Kopf mit kurzem Hals. Mit seinen kleinen Augen sieht es nicht sehr gut, doch es hat ein ausgezeichnetes Gehör.

Die Tragezeit der Sau beträgt 112 bis 116 Tage. Zweimal pro Jahr wirft sie 4 bis 12 Ferkel. Je nach Rasse sehen Schweine rosa, schwarz, weiß oder gefleckt aus.

Schweine lieben es, sich ausgiebig zu suhlen. Der Schlamm ist gut für ihre empfindliche Haut. Er schützt vor Ungeziefer und Sonnenbrand.

Das Schwein ist als Fleischlieferant sehr beliebt. Fast 40 Kilo Fleisch und Wurst isst jeder von uns in einem Jahr.

Die Haut der Schweine wird zu Leder verarbeitet, zum Beispiel für Schuhe, Handschuhe, Büchereinbände, Sitzmöbel oder Koffer. Schweine sind für die Lederproduktion allerdings nicht so bedeutsam wie Rinder.

Die Borsten der Schweine wurden früher gefärbt und zu Fußmatten, Schuhabtretern oder Ähnlichem verarbeitet. Heutzutage werden sie zur Herstellung von Kleider- und Schuhbürsten und Malpinseln verwendet.

Hufe werden zu Hornspänen zermahlen, diese dienen im Garten als Düngemittel. Aus den Knochen lassen sich Leim und Seife herstellen. Das Fett wird zu Nahrungsfett, zum Beispiel Schmalz, weiterverarbeitet.

Das Hausschwein

Name:
Eber (männliches Schwein)
Sau (weibliches Schwein)
...

Alter:
kann 15 Jahre alt werden,
meist nur ein halbes Jahr

Aussehen:
Verhalten:
Fortpflanzung:
Lieblingsbeschäftigung:
Nutzen:
Futter:

Lies den Text abschnittsweise und fertige einen Steckbrief an. Gib den Inhalt des Textes mithilfe des Steckbriefes wieder.

Schweinchen dringend gesucht

Ein Schwein im Hotel! Mia, Maxe, Paule und Emil sind begeistert, dass Oma Moll ihr Hotel in diesem Sommer sogar für Tiere geöffnet hat. Aber kaum ist das Schwein da, wird es auch schon vermisst: Ist es weggelaufen? Wurde es für ein Schweinerennen gekidnappt? Oder wird der Besitzer gar erpresst? Die Hotelbande wird es herausfinden!

Mia, Maxe, Paule und Emil sind schon längst nach oben gehuscht. Sie fangen sofort an, vom Dachboden bis zum Keller alles ganz, ganz gründlich zu durchsuchen.

Auf dem Dachboden sind Fußspuren zu sehen. Emil nimmt einen Abdruck. Das sind allerdings keine Schweinetapsen, nur Schuhabdrücke, die sich irgendwo zwischen all den großen Schränken, den Kisten und Körben und dem ganzen Gerümpel verlieren. „Wer weiß, wer hier oben war“, grübelt Emil.
„Und wer weiß, von wann die Fußabdrücke wirklich stammen“, seufzt Paule.
„Bei dem Staub hier können die schon uralt sein …“
„Ein Schwein kann sowieso nicht durch die Tür“, meint Maxe.
„Stimmt“, meint Emil, „vor allem war sie abgeschlossen, als wir gerade gekommen sind, und ein Schwein kann wohl kaum den Schlüssel umdrehen …“

Also streifen die vier weiter durchs Haus. Nach dem Dachboden ist die obere Etage an der Reihe. In jeder Etage ist ein Zimmer, ein kleines, für die Wäsche. Da schauen sie unter jeden Stapel, bis hinten in die Ecken, hinter die vollen Altwäschesäcke und die Müllsäcke. Nichts tut sich. Kein Schwein in Sicht!

Maxe guckt auch in ein Zimmer, das unbewohnt ist und zu dem die Tür nur angelehnt ist. Sie schaut unter die Kommode, hinter den Sessel, unter den Fernsehtisch und sogar unter die Bettdecke.
„Du spinnst ja. Ein Schwein legt sich doch nicht ins Bett!“
Das war Mia, die den Kopf zur Tür hereingesteckt hat.
„So ein Schwein quietscht auch, das bleibt doch nicht einfach stumm irgendwo sitzen“, meint Emil.
„Wer weiß, vielleicht spielen Schweine ja gerne Verstecken?“, Paule grinst.
„Genau, und jetzt sitzt es hinter dem Vorhang und freut sich, dass wir zu blöd sind, es zu finden!“, stimmt Maxe lachend zu.
Aber Paule wird schnell wieder ernst: „Mal ehrlich, wir müssen uns natürlich auch kundig machen als echte Detektive, wie Schweine sich so verhalten. Da muss man sich auskennen.“

Inzwischen sind sie schon in der zweiten Etage. „Außerdem müssen wir wissen, was sie fressen.“ „Also müssen wir unser Detektivzimmer einrichten, mit allem Drum und Dran.“ Das ist Emil. „Puh“, Mia fasst sich an den Kopf. Und sie sagt stöhnend: „So ein Detektivfall, schon wieder.“ Aber sie strahlt dabei und man merkt ihr an, dass sie doch froh ist.

Jetzt sind sie schon in der unteren Etage. Dort gehen die Zimmer direkt in den Garten, natürlich nur, wenn man die Terrassentür aufmacht. Aber dann sind die Zimmer offen! Und eines dieser Zimmer steht leer, beide Türen – Eingang und Terrasse – sind nur angelehnt, vermutlich wollte das Zimmermädchen mal richtig durchlüften. „Vielleicht ist das Schwein da rausgerannt“, überlegt Maxe. „Ist sogar das Wahrscheinlichste“, meint Emil. „Dann müssen wir den ganzen Garten bis in den hintersten Winkel absuchen“, stimmt Paule zu. „Sollen wir nicht erst Pläne machen?“ Alle stehen da und nicken. Beim ersten Suchen haben sie keine Spur gefunden. Noch nicht mal ein Fitzelchen, keinen einzigen Schweinekrümel. Nichts, das in einer Ecke läge und nach Schwein aussähe. Gar nichts. Auch nicht die geringste Spur. Das Schwein ist und bleibt weg.

Paul schlägt vor, dass sie erst einmal ins Detektivzimmer gehen. „Quatsch“, meint Mia, sie stemmt die Hände in die Hüften, „wir müssen erst hier draußen alles absuchen. So ein Schwein, wenn das im Schweinegalopp davonläuft, dann ist das schweineschnell. Also müssen wir zuerst Straßen, Garten, Haus, alles absuchen, bevor wir überhaupt an das Detektivzimmer denken können.“

Paule wiegt seinen Kopf hin und her. Eigentlich hat sie recht, die Mia. Emil nickt auch. Er sagt: „Klarer Fall, erst alles absuchen. Wenn das Schwein weggerannt ist, müssen wir es so schnell wie möglich einfangen.“

„Also, wie sollen wir vorgehen?" Mia wirft ihren Lockenschopf zurück, Maxe kräuselt weiter ihre Nase und teilt einfach auf. Paule und Emil sollen hinten im Garten suchen, Mia und Maxe nehmen sich vorne die Straßen vor.

In einer halben Stunde Treffpunkt an der Rezeption. Dann wird neu aufgeteilt. Aber jetzt ist ein Schnelltrupp, eine Schnellsuche erforderlich.

Paule und Emil laufen durch den ganzen Garten, sie kriechen sogar unter die hintersten Büsche. Sie kommen auch in die Gartenecke, die sie eigentlich in diesem Sommer ein bisschen zurechtmachen wollten, da wollten sie spielen. Aber das können sie vergessen. Sie müssen wieder ins Detektivzimmer. „Ist ja auch viel spannender", meint Paule. „Klar", sagt Emil, „das mit der Gartenecke war ja auch nur so eine Idee." „Aber schön ist es hier", meint Paule noch einmal und drückt dabei einen Busch zur Seite, um selbst noch in dem letzten Winkel des Grundstücks, auch hinter der Hecke, nachzusehen, ob da wirklich kein Schwein versteckt ist. Denn Minischweine, die können sich verflixt klein machen.

Elisabeth Zöller

Wo sucht die Hotelbande nach dem Schwein? Schreibe die Orte in der richtigen Reihenfolge auf. Gib den Text mithilfe der Skizze und deiner Notizen wieder.

Das freche Schwein

Der Maulwurf Tom ist jede Nacht
Verärgert und sehr aufgebracht.
Ein dickes, freches altes Schwein
Quetscht sich in seine Hütte rein.

Da drin ist's mollig, weich und warm.
Tom friert und schlägt deshalb Alarm:
„Dies Haus ist meins! Ich hab's bezahlt!
Und auch noch selber angemalt."

So jammert Tom, es nützt nicht viel:
Das Schwein ist dreist und auch stabil.
Tom klettert auf sein spitzes Dach
Und hält sich mit der Zeitung wach.

„Lies vor!" So herrscht das Schwein ihn an.
„Was ist passiert? Nun sag schon, Mann!"
Der Maulwurf schluckt, ihm ist nicht gut.
Ganz tief im Bauch, da wühlt die Wut.

Das Leben könnte schöner sein,
Jedoch nur ohne dieses Schwein.

Monika Seck-Agthe

Klatschspiel
Ein kugelrundes Schwein – Schwein – Schwein,
das wollt gern dünner sein – sein – sein.
Es fraß sich nicht mehr satt – satt – satt,
wurd dünn und auch ganz matt – matt – matt.
Drum Schwein, bleib lieber rund – rund – rund,
sonst gleichst du einem Hund – Hund – Hund.

KNISTER/Paul Maar

Spiele das Gedicht vom frechen Schwein mit einem Partnerkind vor oder probiert das Klatschspiel.

Vorurteile

Dummes Schwein!?

Schweine sind außerordentlich neugierig und lernen schnell.

Dreckschwein!?

Schweine sind saubere Tiere und werden sogar stubenrein. Um die Haut von Insekten zu befreien und sich abzukühlen, wälzen sie sich im Schlamm.

Faules Schwein!?

Schweine sind aktiv. Sie legen weite Wege zurück, können gut schwimmen und im Schweinsgalopp schnell rennen.

Das kümmert kein Schwein!?

Schweine sind aufmerksam. Eine Sau lässt ihre Jungen zum Beispiel nie aus den Augen.

Stinken wie ein Schwein!?

Alles, was stinkt, ist der Mist im Stall.

Schwitzen wie ein Schwein!?

Schweine schwitzen so gut wie gar nicht, da sie kaum Schweißdrüsen haben.

Wahr oder gelogen?

	Wahr	Gelogen
Nur Hausschweine haben einen Ringelschwanz.	P	O
Ein Schwein ist kein Allesfresser.	M	R
Wildschweine suhlen sich nicht im Dreck.	L	I
Männliche Hausschweine nennt man Eber.	M	C
In einigen Stadtteilen von Berlin kann man ab und zu Wildschweine sehen.	A	E

Lösungen S.196

Hier sind drei Kuckuckseier versteckt!

Schwein Schwein Schwein Schwein Schwein Schwein Schwein Schwein
Schwein Schleim Schwein Schwein Schwein Schwein Schwein Schwein
Schwein Schwein Schwein Schwein Schwein Scheine Schwein Schwein
Schwein Schwein Schwein Schwan Schwein Schwein Schwein Schwein
Schwein Schwein Schwein Schwein Schwein Schwein Schwein Schwein

Sprichwörter und Sprüche vom Schwein

Wenn jemand

sagt: „Kein Schwein versteht das",
Perlen vor die Säue wirft,
armes Schwein genannt wird,
sich wie ein Schwein benimmt,
Schwein hat,
sich sauwohl fühlt,

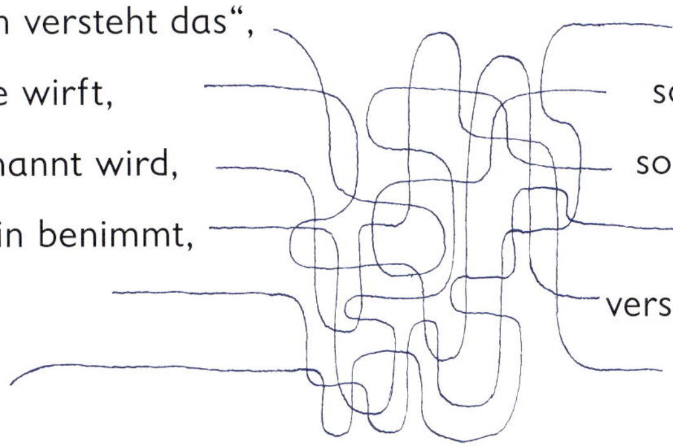

so hat er viel Glück.
so versteht niemand etwas.
so benimmt er sich schlecht.
fühlt er sich sehr wohl.
verschwendet er etwas Gutes.
so ist er ein bemitleidenswerter Mensch.

Vier Schweine-Bilderrätsel

Noch mehr Schweinchen

Jan-Arnes Freundin Liane kommt zu Besuch. Sie hat jetzt auch ein Meerschweinchen, das Mucki heißt, und da müssen Mucki und King-Kong sich doch unbedingt kennenlernen! Aber Mama hat Jan-Arne extra gewarnt: Mucki ist ein Männchen und King-Kong ein Weibchen, sie sollen die beiden bloß nicht zusammenlassen, sonst kriegt King-Kong womöglich noch Junge, noch mehr Schweine können sie wirklich nicht brauchen!
Aber dann lassen sie die Meerschweinchen doch frei im Zimmer herumlaufen, denn Liane glaubt nicht, dass was passieren kann. Schließlich kennen King-Kong und Mucki sich doch überhaupt nicht und sind auch gar nicht ineinander verliebt! Ein paar Wochen später ist King-Kong ziemlich fett geworden, und zuerst glaubt Jan-Arne, dass er vielleicht zu viele Kekse frisst – aber dann sieht er noch mal genauer hin …

Nur an den Seiten ist King-Kong dick. Rechts und links an den Seiten. Als wenn er drei dicke Bäuche hätte statt einem. „Mensch, King-Kong“, flüstert Jan-Arne erschrocken. „Ach, Mensch, du, King-Kong!“ Und dann stürzt er auf den Flur zum Telefon. Also hatte Mama doch recht! Und King-Kong hat ihn beschummelt. Jan-Arne hätte nicht auf Liane hören sollen. Aber nun ist es sowieso zu spät.

„Liane?“, flüstert Jan-Arne durch den Telefonhörer. „Sie haben es doch gemacht! Und jetzt kriegt King-Kong Junge!“ „Was haben sie gemacht?“, fragt Liane am anderen Ende. „Wer hat was gemacht? Bist du das, Jan-Arne?“

„Natürlich bin ich das, du Dummi!", flüstert Jan-Arne. Mama mag es gar nicht, wenn er einfach so telefoniert. Jan-Arne muss vorher immer erst fragen. Immer wenn sie Jan-Arne am Telefon hört, kommt sie sofort auf den Flur gerannt.

„Jan-Arne?", sagt Mama da auch schon. „Mit wem telefonierst du denn da? Du weißt doch, dass du mir vorher Bescheid sagen sollst!" – „Ach, das ist ja nur Liane!", sagt Jan-Arne schnell. „Und ich war sowieso schon fertig, Mama. Tschüss, Liane, bis bald!" Und Jan-Arne legt ganz schnell den Hörer auf die Gabel. Wenn Mama zuhört, kann er Liane sowieso nichts erzählen.

„Warum rufst du denn plötzlich Liane an?", fragt Mama verblüfft. „Wollt ihr euch mal wieder treffen? Das brauchst du mir doch nur zu sagen! Ich mach dann was mit ihrer Mutter ab!" – „Ach nee, ist gar nicht nötig, Mama", sagt Jan-Arne schnell und ist schon halb wieder in seinem Zimmer. „Wir haben schon alles besprochen." Dann macht er die Tür zu und setzt sich auf den Boden. „Ach, Mensch, King-Kong", sagt Jan-Arne und streichelt dem Schwein über seine drei Bäuche. „Das war aber wirklich nicht gut von dir, du! Was soll ich denn jetzt Mama und Papa sagen? Wenn du plötzlich Junge kriegst? Wo Mama mich extra gewarnt hat!" Aber King-Kong schnurrt ganz zufrieden in seiner Armbeuge und gibt keine Antwort.

Kirsten Boie

Wie fühlt sich Jan-Arne, als er entdeckt, dass sein Meerschweinchen Junge bekommt? Finde eine Textstelle, die das zeigt.

Ein Glücksschwein aus Papier

Glücksschweine kennt fast jeder.
Aber warum verschenkt man Glücksschweine und nicht Glücksschafe oder Glückshunde?
Früher – vor ungefähr 70 Jahren – war es sehr teuer, ein Schwein zu halten.
Arme Leute konnten sich oft kein Fleisch leisten.
So gab es nur zu besonderen Anlässen Fleisch zu essen.
Wer sich damals ein Schwein halten konnte, galt als wohlhabend, reich und glücklich.

L
Nun falte die rechte Spitze des Dreiecks nach unten.

K
Male dem Schwein ein lustiges Gesicht.

G
Falte ein Dreieck.

C
Der Schweinekopf ist schon erkennbar. Falte nun die eine Spitze des mittleren Dreiecks nach oben.

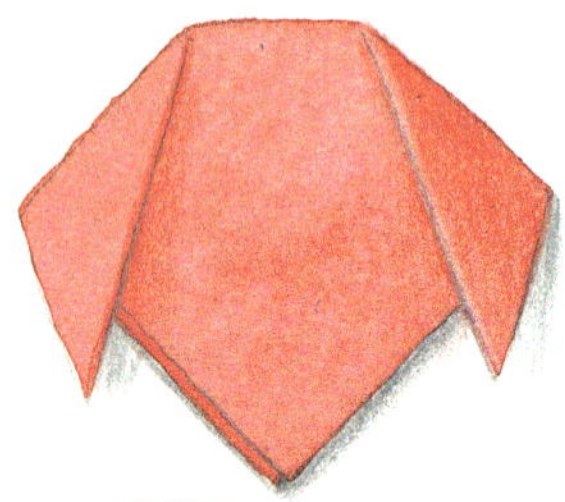

Ü
Die linke Spitze falte nun ebenfalls nach unten.

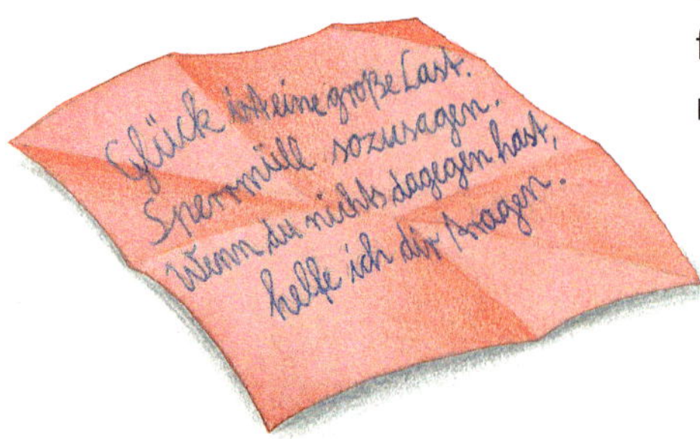

Gestalte für dich oder einen Freund ein Glücksschwein aus Papier.

Bücher, Bücher, ...

Ich nahm das kleine Buch zur Hand.
Mir wurden die Augen groß,
weil alles ringsumher verschwand.
Und schon ging die Reise los.

Frantz Wittkamp

So kannst du Figuren aus Büchern kennenlernen

→ Tipp 1: eine Buchfigur zeichnen

Wähle eine Buchfigur aus.
Wie stellst du dir die Figur vor?
Was findest du dazu im Text?
Zeichne ein Bild von ihr.
Schreibe den Namen und den Buchtitel dazu.

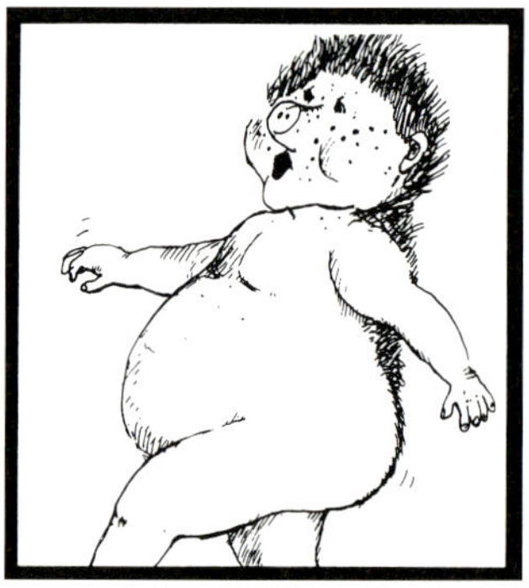

→ Tipp 2: eine Buchfigur in einem Steckbrief vorstellen

Wähle eine Buchfigur aus.
Suche im Text nach Merkmalen (Aussehen, Wohnort, Eigenschaften, Vorlieben, Freunde, Familie …)
Notiere die Stichpunkte in einem Steckbrief.

Steckbrief

Name:
Aussehen:
Eigenschaften:
Vorlieben:

→ Tipp 3: ein Interview mit der Buchfigur führen

Wähle eine Buchfigur aus.
Schreibe drei Fragen für ein Interview auf.
Was kann die Buchfigur antworten?
Schreibe die Antworten auf.

Bist du ein Marsmensch?
Nein, ich bin ein Sams.

Bist du schüchtern?

Herr Taschenbier trifft das Sams

Jetzt verstand Herr Taschenbier, warum die anderen nicht wussten, wie sie das Wesen nennen sollten.

Da war einmal ein Kopf: zwei freche, flinke Äuglein, ein riesiger Mund und anstelle der Nase ein beweglicher kurzer Rüssel. Sein breites Gesicht war übersät mit großen blauen Punkten. Aus den feuerroten Haaren, die wie Stacheln eines Igels nach oben standen, schauten zwei abstehende Ohren.

Und so sah der Körper aus, auf dem dieser Kopf saß: Zuerst fiel der grüne, prallrunde Trommelbauch auf. Die Arme und Hände waren die eines Kindes, die Füße dagegen erinnerten an vergrößerte Froschfüße. Brust und Bauch waren glatt und grün.

„Das ist kein Tier, so viel steht fest“, sagte ein Mann aus der Menge. „Sonst könnte es nicht reden.“

„Was ist es dann?“

„Vielleicht kommt es vom Mars? Ein Marsmensch!“

„Reden Sie keinen Unsinn“, mischte sich ein streng aussehender Herr ein. „Das Lebewesen kommt nicht vom Mars. Das können Sie mir glauben. Ich bin Studienrat, Studienrat Groll!“

Sofort begann das Lebewesen auf dem Boden herumzuhüpfen. Dabei sang es: „Studienrat, Studienrat. Hat den ganzen Kopf voll Draht! Studienrat Groll. Hat den Kopf mit Draht voll!“ Dann setzte es sich hin und schaute wieder frech in die Runde.

„Sofort hörst du mit dem albernen Gesinge auf!“, rief der Studienrat empört. Statt einer Antwort streckte ihm das Wesen eine lange, gelbe Zunge heraus.

Paul Maar

Steckbrief: Sams

Aussehen:

Haare:

Mund:

Nase:

Gesicht:

Bauch:

Arme und Hände:

Füße:

Eigenschaften:

Fähigkeiten:

Wie beschreibt Paul Maar das Sams?
Fertige einen Steckbrief an oder zeichne die Buchfigur.

Der Lesemuffel – ein erster Blick ins Buch

1

2

Inhalt

1. Muffel kann fast alles 7
2. Muffel muss mehr lesen 10
3. Muffel muss niesen 14
4. Muffel wird schwindlig 19
5. Muffel vergeht der Appetit 23
6. Muffel bekommt eine Gänsehaut 29
7. Muffel traut sich was 34
8. Muffel hat eine Idee 39
9. Muffel hat eine Ahnung 45
10. Muffel hat Platz 51
11. Muffel bekommt ein Päckchen 59

3

Muffel kann gut Tore schießen und weiß, was man tun muss, wenn man ins Wasser fällt und ein Krokodil angreift. Das sind die wichtigsten Dinge im Leben, findet er.
Leider finden seine Mutter und seine Lehrerin, dass es wichtiger ist, Bücher zu lesen. Da kommt seine Mutter auf eine Idee: Wem es gelingt, Muffel zu überreden, ein Buch zu lesen, gewinnt ein tolles Essen mit Suppe, Hauptspeise und Nachspeise.

a Im **Inhaltsverzeichnis** stehen die Überschriften für die einzelnen Kapitel.

Hier findest du die Seitenzahl für ein Kapitel, das dich interessieren könnte.

b Auf der Rückseite des Buches steht der **Klappentext**.

Hier erfährst du etwas über den Inhalt des Buches. Der Klappentext verrät nicht alles. Er soll dich neugierig auf das Buch machen.

c Die Vorderseite und die Rückseite des Buches heißen **Cover**.

Hier findet man Angaben zum Titel des Buches, zum Autor und Illustrator und zum Verlag.

Welche Texte gehören zu den einzelnen Seiten des Buches? Ordne zu.

Kinderliteratur kennen: Werke, Autoren, und Autorinnen, Figuren, Handlungen, Informationen in Druck- und elektronischen Medien suchen

Muffel kann fast alles

Muffel kann gut Tore schießen. Er kann schwimmen und tauchen und auf einem Seil ganz nach oben klettern. Er kann Nägel einschlagen und Schuhe binden und auf dem Kopf stehen. Er kann ein Nilkrokodil von einem Alligator unterscheiden und einen Katzenhai von einem Hammerhai. Außerdem ist er der schnellste Rollerfahrer der ganzen Schule. Muffel kann fast alles. Nur eines kann Muffel nicht so gut, und das ist lesen. Aber lesen ist auch nicht so wichtig. Denn lesen können sowieso die anderen. Außerdem ist es langweilig. Vom Lesen bekommt Muffel immer juckende Augen und schwere Füße. Sobald er ein Buch aufschlägt, fängt er an zu gähnen. Lesen macht ihn müde. Unheimlich müde.
Mamas ernstes Wort nützt einfach nichts. Man kann nicht mit jemandem lesen, der bei der ersten Zeile einschläft. Also muss sich die Mama etwas anderes einfallen lassen. Und weil ihr selbst nichts einfällt, setzt sie einen Preis aus.
Sie hängt ein großes Schild ins Treppenhaus.

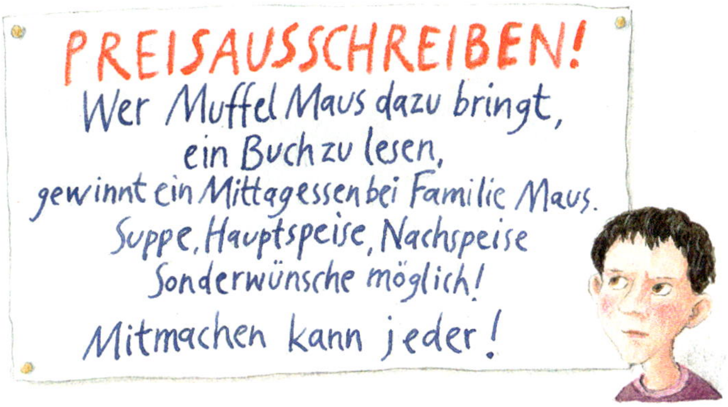

Der Erste, der den Zettel liest, ist Muffel. Weil es doch schließlich um ihn geht. Da wird man dann auch nicht gleich so müde vom Lesen.
„Bist du verrückt?“, ruft Muffel, als er fertig gelesen hat.
„Du kannst doch nicht wildfremde Leute zum Mittagessen einladen!“
„Ach was“, sagt die Mama. „Was heißt da wildfremd.
Ich kenne doch die Leute in unserem Haus. Die sind alle sehr nett!“
Trotzdem findet Muffel Mamas Idee blöd. Wer weiß, was da auf ihn zukommt!

Saskia Hula

Was antwortet Muffel auf die drei Interviewfragen:
- Was kannst du gut?
- Was kannst du nicht so gut?
- Welche Idee hatte deine Mutter, um dich zum Lesen zu bringen?

Was passt?

1 Emil und die Detektive

- a jagen einen Dieb durch Berlin.
- b jagen einen Hund durch Berlin.
- c jagen einen Freund durch Berlin.

2 Ronja Räubertochter

- a wohnt in einem Schloss.
- b wohnt auf einer Burg.
- c wohnt auf einer Insel.

3 Bibi Blocksberg

- a hext mit dem Spruch „Hex, flex!“
- b hext mit dem Spruch: „Hex, plex!“
- c hext mit dem Spruch: „Hex, hex!“

Leseplätze aus Büchern

ein Tisch und ein Stuhl aus Büchern

ein Hocker aus Büchern

ein Kopfkissen aus Büchern

ein Stehpult aus Büchern

Buch gesucht!

1. Das Buch ist nicht rot oder grün.
2. Es hat kein Etikett.
3. Es ist nicht das kleinste Buch.
4. Es steht oder liegt nicht neben einem orangefarbenen Buch.

Lösungen S. 196

Fünf ungleiche Zwillinge gesucht!

Lotta aus der Krachmacherstraße
Lotta aus der Krachmacherstraße

Jim Knopf
Jim Knapf

Räuber Hotzenplotz
Räuber Hotzenpoltz

Hexe Lilli
Hexe Lilli

Pippi Langstrumpf
Pippi Langstrompf

Sams
Sams

Kalle Blomquist
Kalle Blomquist

Michel aus Lönneberga
Michel aus Lönneberga

Pinocchio
Pinocchio

Traumfresserchen
Traumfriseurchen

Häwelmann
Häwelmond

Welches Wort gibt es nicht?

Buchdruck
Buchseite
Buchautor
Buchstabe
Buchauto

Schriftgröße
Schriftsteller
Schriftort
Schriftsetzer
Schriftbild

Buchfigur
Hauptfigur
Märchenfigur
Romanfigur
Regalfigur

Bilder-Rätsel

Rätselhafte Titel

Der König von Narnia
Der schrecklichste Bruder der Welt
Moritz in der Litfaßsäule
Die Wilden Hühner

Witz

„Wenn ich ein Buch über Indianer lese, bin ich jedes Mal gefesselt“, sagt Frank zu seinem Freund. Darauf fragt der ungläubig: „Stört dich das denn nicht beim Umblättern?“

Lösungen S. 196

Eine Lesenacht in der Schule

Gemeinsames Lesen macht Spaß.
Was haltet ihr von einer Lesenacht in der Schule?
Es darf gelesen werden, bis der Letzte eingeschlafen ist oder die Batterie der Taschenlampe versagt.
Plant diese Nacht gemeinsam mit euren Eltern oder eurer Lehrerin.
Ihr könnt auch natürlich erst mal mit einem Leseabend beginnen.

Tipps zur Vorbereitung der Lesenacht

- Termin langfristig planen
- Absprachen mit der Schulleitung und dem Hausmeister treffen
- Helfer zum Ein- und Ausräumen, als Lesepartner oder Vorleser gewinnen
- Thema überlegen (Vorlesebücher sammeln, Lesespiele ausdenken)
- Packliste schreiben (Schlafsack, Luftmatratze, Bücher, Taschenlampe …)
- Räume zum Schlafen sowie für das Abendessen und Frühstück vorbereiten
- Getränke und Obst für den Abend einplanen – Fotos zur Erinnerung machen
- Büchertipps schreiben
- …

Wähle drei Tipps aus, die du besonders wichtig findest. Tauscht euch darüber aus.

Schmökertipps

Braucht ihr noch Schmökertipps für eure Lesenacht? In Zeitungen, Zeitschriften, Katalogen und im Internet findet ihr viele Lesetipps.
Ihr könnt aber auch selbst solche Tipps schreiben. Schließlich wisst ihr am besten, warum euch ein Buch gefällt. Schreibt es in einigen Sätzen mit euren Worten auf. Sucht euch eine besonders lustige oder spannende Stelle und illustriert sie. Vergesst auch nicht Titel, Autor, Illustrator und Verlag des Buches. Dann kann sich jeder, der sich für deinen Schmökertipp interessiert, das Buch in der Bibliothek oder im Buchladen besorgen.

Welches Buch möchtest du anderen zum Lesen empfehlen? Schreibe deinen Büchertipp auf.

Herr Fuchs mag Bücher

Der kleine Herr Fuchs mochte sehr gerne Bücher. Er mochte Bücher so gerne, dass er, immer wenn er eines zu Ende gelesen hatte, dasselbe mit einer Prise Salz und etwas Pfeffer verspeiste. Mit dieser Vorliebe stillte er also nicht nur sein Bedürfnis nach Bildung, sondern auch seinen Hunger. Und der war riesengroß.

Schon seit langem beobachtete der kleine Herr Fuchs ein Haus, in dem unglaublich viele Bücher in Regalen standen. Er trat ein und befand sich mitten im Schlaraffenland: Kilometerweit nichts als Bücher – Regale gefüllt von oben bis unten. Lecker, lecker!, dachte der kleine Herr Fuchs. Er konnte es kaum fassen, dass man von hier die Bücher umsonst mitnehmen durfte.

Von nun an kam der kleine Herr Fuchs jeden Tag in die Bücherei. Unauffällig begutachtete er seine Leibspeisen und leckte, schnupperte und schleckte an der einen oder anderen Probeseite. Hatte er etwas nach seinem Geschmack gefunden, verstaute er es in seiner Fuchstasche und schleppte es nach Hause.

So ging es eine ganze Weile. Nach einiger Zeit beschwerten sich immer häufiger die anderen Leser über angeknabberte Seiten. Auch der Bibliothekarin war aufgefallen, dass manche Ausgaben klitschnass in den Regalen standen und ziemlich übel nach Wild rochen. Andere Bücher fehlten ganz und gar. Das war sehr merkwürdig. Sie beschloss, der Sache auf den Grund zu gehen.

Die Bibliothekarin fand den kleinen Herrn Fuchs irgendwie verdächtig: Niemand besuchte die Bücherei so häufig und so ausdauernd wie er. Und wenn sie es sich recht überlegte, hatte er auch noch nie ein Buch zurückgebracht. Deshalb beschattete sie ihn von nun an auf Schritt und Tritt.

Mit Entsetzen wurde sie dann eines Morgens Zeugin, wie der kleine Herr Fuchs ...

... zunächst ein paar Geographiebücher beschnüffelte und sie dann angewidert zurückstellte

... dann zu den russischen Klassikern weiterschlenderte

… dort eine besonders schöne Ausgabe herauszupfte

… blitzschnell ein Salzfässchen und eine Pfeffermühle auspackte

… fröhlich pfeifend die Gewürze auf das Buch streute

… und schließlich, mit einem genussvollen Seufzer, herzhaft in das Buch …

BISS.

Erst als der kleine Herr Fuchs sein Frühstück samt Einband und Lesekarte verspeist hatte, sprang die Bibliothekarin entschlossen aus ihrem Versteck hervor und packte ihn am Schlafittchen. „Sie Bücherfresser!“, rief sie empört. „Nehmen Sie sofort Ihre Schnauze aus unseren Romanen!“ Völlig überrumpelt versuchte der kleine Herr Fuchs, die letzten Seiten unauffällig hinunterzuschlucken, setzte seine eindrucksvollste Unschuldsmiene auf und sah die Bibliothekarin mit großen Fuchsaugen an. „Das ist unsachgemäßer Büchergebrauch!“, sagte die Bibliothekarin ungerührt. „Ab heute, Herr Fuchs, haben Sie Hausverbot!“

Traurig trottete der arme kleine Herr Fuchs nach Hause. Er wusste, dass nun ganz schlechte Zeiten anbrechen würden.

Nachdem seine Lesefutterquelle so plötzlich versiegt war, hielt er sich mit Möbelprospekten, Hauswurfsendungen und billigen Tageszeitungen über Wasser. In seiner Verzweiflung plünderte er sogar den Altpapiercontainer hinter seinem Haus. Doch durch diese Kost verlor nicht nur sein Fuchspelz den seidigen Glanz: Auch die Verdauung vom kleinen Fuchs kam völlig durcheinander.

Franziska Biermann

Name:
Aussehen:
Lesevorlieben:

- Stelle Herrn Fuchs mit einem Steckbrief vor.
- Welche Lesevorlieben hast du? Tauscht dazu eure Gedanken aus.

Bücher aus früherer Zeit

Was ist eigentlich ein Buch?
Ein Buch sind mehrere zu einem Ganzen zusammengefügte, beschriebene, bedruckte, bebilderte, auch leere Bögen. Bis vor 550 Jahren der Buchdruck erfunden wurde, musste jedes Buch von Hand geschrieben und gefertigt werden. So entstanden wahre Kostbarkeiten.

E

Wann entstanden die ersten Bücher?
Eine ganz genaue Antwort auf diese Frage gibt es nicht. Man weiß jedoch, dass längere zusammenhängende Texte schon sehr früh auf verschiedenen Beschreibstoffen festgehalten wurden. Auf dieser Seite kannst du besonders schöne und interessante Beispiele kennen lernen.

D

C

1 Leporellos aus langen Papierblättern aus der Rinde des Khoistrauches haben in Thailand und Myanmar Tradition. Oft wurden Horoskope so festgehalten.

2 Die Thora, das heilige Buch der Juden, war früher und ist heute noch eine Rolle aus Papier oder Pergament.

B

3 Die Maya in Mittelamerika nutzten Rindenpapierstreifen, die sie wie eine Ziehharmonika zusammenfalteten.

4 In China benutzte man schon vor über 3000 Jahren mit Bändern zusammengehaltene Holz- und Bambusstreifen.

5 Die Ägypter schrieben auf Bögen aus Papyrus, die sie aneinanderklebten. So entstanden Schriftrollen.

A

Welcher Text passt zu welchem Buch? Ordne zu.

Bücher – selbst gestaltet

Texte, selbst oder von anderen geschrieben, liest man dann besonders gern, wenn sie in einer originellen Form präsentiert werden.
Das Leporello hat sicher schon jeder einmal probiert. Wie wär's mit diesen Formen? Oder habt ihr noch ganz andere Ideen, wie euer eigenes Buch aussehen könnte?

Ein gebundenes Buch

Man kann die Seiten lochen und mit einem schönen Band oder einer besonderen Kordel zusammenbinden. Sind es nicht sehr viele Seiten, so kannst du das Buch auch klammern oder mit Nadel und Faden heften.

Ein Stufenbuch

Dieses Buch ist besonders für Rezepte, Bastel- und Spielanleitungen oder auch Sprachspiele, zum Beispiel für ein Akrostichon, geeignet.

Ein Faltbuch

Schreibst du über ein Tier oder eine besondere Beobachtung, so kannst du solch ein Faltbuch mit dem passenden Motiv wählen.

Ein Buch mit einem Guckloch

In ein „Guckloch" kann eine wichtige Figur oder ein Bild zu einer Lieblingstextstelle gemalt werden. Das Bild wird mit einem Satz erklärt. Auf der Rückseite wird eine kurze Meinung zum Text formuliert.

- Wähle eine Buchform aus, die dir gefällt. Wofür möchtest du sie nutzen?

Bücher

Bücher sind Lehrer, die nicht tadeln,
und Freunde, die nicht fordern.

Aus Spanien

Du tust gut daran, Bücher zu lesen.
Gewöhne dich ans Lesen. Mit der Zeit wirst du
diese Gewohnheit schätzen lernen.

Anton Tschechow

Gedankenloses, zerstreutes Lesen ist geradeso wie ein
Spaziergang in schöner Landschaft mit verbundenen Augen.

Hermann Hesse

Liest du viel und reist du viel,
siehst du viel und weißt du viel.

Sprichwort

Lesen, das ist wie fliegen, fliegen über unsere Küchentür hinaus
hoch über die Bäume im Garten hin und weiter, immer weiter
in fremde Länder und ferne Welten.

Willi Fährmann

- Schreibe deinen Lieblingsspruch in dein Lieblingsbuch oder auf ein Lesezeichen.

Sommer

Der Sommer
Er trägt einen Bienenkorb als Hut,
blau weht sein Mantel aus Himmelsseide,
die roten Füchse im gelben Getreide
kennen ihn gut.
Sein Bart ist voll Grillen. Die seltsamsten Mären
summt er der Sonne vor, weil sie's mag,
und sie kocht ihm dafür jeden Tag
Honig und Beeren.

Christine Busta

So kannst du dir besser vorstellen, was du liest

→ Tipp 1: einen Lageplan zu einem Text zeichnen

Untersuche, wie im Text ein Ort oder eine Landschaft beschrieben wird.

- Suche nach Namen für Orte oder Straßen.
- Zeichne einen Plan oder eine Wegskizze.

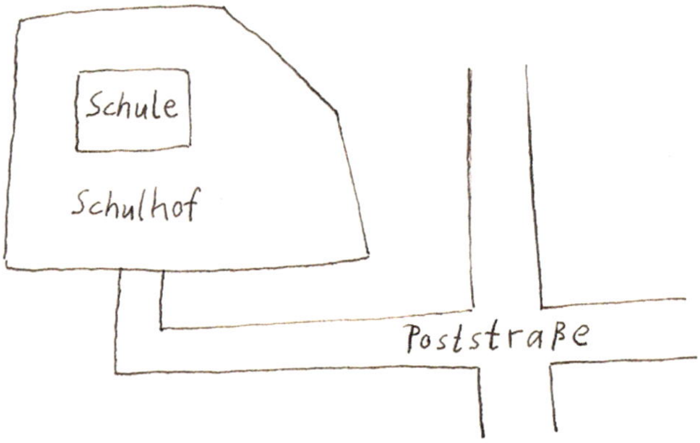

→ Tipp 2: einen Textabschnitt vorspielen

- Wähle einen Abschnitt zum Vorspielen aus.
- Überlege,
  - welche Figuren eine Rolle spielen,
  - was sie tun müssen,
  - welche Gegenstände benötigt werden.

→ Tipp 3: über die eigenen Vorstellungen mit anderen sprechen

- Wähle eine Textstelle aus, über die du mit anderen sprechen möchtest.
- Sage, was du dir vorstellst.
  Tauscht eure Gedanken dazu aus.

Wir reißen aus

Vincent hat gesagt, wir sollen ihm alle einfach möglichst lautlos folgen. Er hat sich nämlich schon genau überlegt, wohin wir ausreißen würden. Und das war ja ein Glück. Wir anderen wussten schließlich mit dem Weglaufen nicht so genau Bescheid. Da war es doch gut, dass Vincent alles in die Hand genommen hat. Als wir aus dem Möwenweg abgebogen sind, hab ich mich noch mal umgedreht und zurückgeguckt.
Es konnte doch sein, dass ich unser Haus nie mehr sehen würde!
Da hatte ich plötzlich einen richtigen Kloß im Hals.
Eigentlich war alles ja schrecklich traurig. Man stelle sich vor; wenn wir wirklich niemals mehr zurückkommen würden!
Wir sind durch das ganze Neubaugebiet gegangen und an der Schule vorbei und in den Ort und an der Hauptstraße entlang.
Und gerade als ich gedacht hab, dass ich bestimmt keinen einzigen Tagesmarsch mehr durchhalte, ist Vincent hinter dem neuen Feuerwehrgerätehaus in eine kleine Seitenstraße eingebogen.
„Hier wird ab jetzt unsere neue Heimat sein“, hat er feierlich gesagt. Vincent liest ja so viele Bücher. „Wasser ist immer das Wichtigste.“ Und da hab ich gewusst, dass der weite Weg sich gelohnt hatte.
Hinter dem Gerätehaus ist nämlich eine Wiese mit Büschen und ein paar Bäumen drauf. Und in der Mitte liegt der Feuerwehrteich.
„Geil!“, hat Petja geschrien. „Wildnis!“ Eine richtige Wildnis war es natürlich nicht, nur fast. Aber Jul hat sich an die Stirn getippt und gesagt, so dicht beim Möwenweg finden uns doch die Erwachsenen sofort.
Vincent hat gesagt, das ist Quatsch. Es ist wie mit der Lesebrille von seiner Mutter. Die sucht sie auch jeden Tag, und dabei hängt sie immer an einer Schnur um ihren Hals.
„Ganz in der Nähe sucht man nämlich nie!“, hat Vincent gesagt. Das war doch schlau von ihm.

Kirsten Boie

- Lies den blauen Abschnitt.
  Zeichne einen Plan von der neuen Heimat und beschrifte ihn.
- In Zeile 18 denkt Tara über das Ausreißen nach.
  Was stellt sie sich wohl vor?
  Tausche dich mit einem Partnerkind aus.

Sommergesang

Geh aus, mein Herz, und suche Freud
In dieser lieben Sommerzeit
An deines Gottes Gaben:
Schau an der schönen Gärten Zier
Und siehe, wie sie mir und dir
Sich ausgeschmücket haben.

Paul Gerhardt

- Ein Gedicht wurde bereits 1656 verfasst. Welches? Begründe.
- Wie wird der Sommer in den Gedichten beschrieben? Wähle eine Textstelle aus. Zeichne dazu ein Bild.

Der Sommer schlägt die Federbälle

Der Sommer geht mit bloßen
Füßen über den heißen Asphalt
in der Stadt
auf ein Schwimmbad zu –

duckt sich
unter die Dusche
und springt ins Becken
vom Dreimeterbrett.

Der Sommer schlägt die Federbälle
hoch
über
die Liegewiese.

Joseph Lichius

lebendige Vorstellungen beim Lesen und Hören literarischer Texte entwickeln
Unterschiede und Gemeinsamkeiten von Texten finden

AH S. 47

Hüpfendes Sommerorchester

Wenn die Heuschrecken ihr Konzert beginnen, ist für viele Menschen der Sommer erst perfekt. Keine andere Insektengruppe lässt so viele verschiedene Gesänge erklingen wie die Heuschrecken. Die vielen Arten von Heuschrecken kann man vom Aussehen nur schwer unterscheiden. Rhythmus und Klang ihres Gesangs aber sind unverwechselbar.

Mal leiser und mal lauter, mal melodiös, mal schrill hört man sie zirpen, schnarren, klicken und knarren. Mit diesen Geräuschen werden die Weibchen bezirzt oder die Rivalen vertrieben. Die Laute der Heuschrecken werden vor allem durch das Reiben der Flügel, der Beine oder der Oberkiefer erzeugt.

Die Knarrschrecken reiben ihre Oberkiefer aneinander und lassen ein leises „Zähneknirschen“ hören.

Grashüpfer streichen mit einem oder beiden Hinterschenkeln über die Flügel.

Die Eichenschrecke trommelt mit ihren Hinterbeinen auf ein Blatt.

Die Sumpfschrecke schleudert ihre Hinterbeine nach hinten und erzeugt so einen Klicklaut, der wie Fingerschnippen klingt.

- Warum singen Heuschrecken? Finde zwei Begründungen.
- Die Heuschrecken können mit bestimmten Körperteilen Geräusche machen. Zeichne die Tabelle und ergänze sie.

Heuschreckenart	So erzeugen sie Geräusche
Grashüpfer	
Sumpfschrecke	
	reiben mit dem Oberkiefer aneinander

Spiele im Wasser

Seeschlange

Alle Kinder fassen sich an den Schultern und bilden eine Schlange. Die Seeschlange schlängelt sich blitzschnell durchs Schwimmbecken. Der Kopf versucht nun den Schwanz zu fangen. Gelingt das, wird der letzte Spieler zum Schlangenkopf.

Nach Schätzen tauchen

Versenke einen Gummiring oder einen anderen „Schatz" ins Wasser. Bitte deinen Partner, ihn hochzuholen.

Begrüßung

Setze dich mit deinem Partner so auf den Boden des Nichtschwimmerbeckens, dass eure Köpfe unter Wasser sind. Versucht euch nun möglichst lautstark in der „Blubb-Blubb-Sprache" zu begrüßen.

Rätsel

Scheint die Sonne, ist er da,
dieser dunkle Fleck.
Klebt dir an dem Fenster
fest, geht und geht
nicht weg.
Springt im Flur die Treppe
rauf – schon löst er sich
in gar nichts auf.

Witz

Treffen sich zwei Urlauber in der Sahara.
Fragt der eine:
„Wie weit ist es noch bis zum Meer?"
„Zweihundertfünfzig Kilometer",
sagt der andere.
Darauf der erste:
„Toller Strand, was?"

Bilderrätsel

Welches Kind trägt alle diese Sachen?

1 2 3 4 5 6

Lösungen S. 196

Neue Eissorten?

Vanschokhim *Erdzitban* *Heidelpfirvan* *Haselkipistaz*

Merkwürdige Wörter

S ◎ M M ◎ R R ◎ ◎ S E
M ◎ ◎ R ◎ S S T R ◎ N D
R ◎ ◎ S ◎ G ◎ P ◎ C K
H ◎ M B ◎ ◎ R ◎ ◎ S
L ◎ M ◎ N ◎ D ◎
S ◎ G ◎ L B ◎ ◎ T
F ◎ R ◎ ◎ N B ◎ G ◎ N N
G ◎ B ◎ R G E
S ◎ N N ◎ N B R ◎ N D
G R ◎ L L W ◎ R S T
S C H W ◎ M M B ◎ D
F L ◎ G Z ◎ ◎ G

Wohin wollen die Wanderratten?

Sommerwörter

Wie viele Wörter passen nicht zum Sommer? 3 8 5

Himbeereis • Schmetterlinge • Lagerfeuer • Skianzug
Grillwürstchen • Federball • Mückenspray • Luftmatratze
Flipflops • Streusand • Sandstrand • Baumhaus • Regenbogen
Sonnenschirm • Barbarazweige • Gänseblümchen

Wahr oder gelogen?

Jakob und Ina waren am Wochenende mit ihren Großeltern im Saurierpark.
Am nächsten Tag erzählen sie begeistert ihren Freunden von dem Ausflug.
Doch ein paar Sätze sind geflunkert.
Findest du sie?

An der Kasse am Eingang mussten wir eine Weile warten, bis die Oma die Karten gekauft hatte.
Dafür konnten wir in aller Ruhe die beiden Riesen der Urzeit am Teich bewundern.

Im Verpflegungsraumschiff hat Opa uns ein Eis gekauft.
Ganz in der Nähe ist der Triceratops zu sehen.
Der sieht mit dem Horn auf der Nase auch gefährlich aus.

Stellt euch vor, im Saurierpark gibt es über 200 lebensgroße Saurierplastiken. Am Kletterpark haben wir 20 verschiedene Arten von Dinos gesehen.

Vom Laufen taten uns ganz schön die Füße weh. Wir haben uns deshalb auf dem Planetenspielplatz ausgeruht. Ein Teil vom Spielplatz ist eine Ausgrabungsstätte. Da kann man kleine Überraschungen im Sand finden.

Auf dem Weg zur Kletterburg kamen wir am Tyrannosaurus Rex und an anderen Furcht erregenden Saurierarten vorbei.

- Welche Aussagen stimmen? Lies und prüfe.
- Formuliere eine weitere Aussage. Sie kann wahr oder gelogen sein. Lass ein andere Kind deine Aussage prüfen.

Gute Reise, schreib mir mal!

Liebe Oma!
Ich bin hier an der Ostsee
in Ahlbeck. Wir haben
schönes Sommerwetter und
waren schon ganz oft
baden. Die Wellen waren
unheimlich hoch. Hier gibt
es auch viele Strandkörbe.
Viele Grüße, deine Julia

Liebe Marie,

ich war in den Ferien
in einem Vergnügungspark.
Da waren auch Indianer.
Die haben mit uns ein Foto
gemacht. Ich hatte gar keine
Angst. Dort ist auch eine
Westernstadt und ein
Märchenland. Liebe Grüße
sendet dir Magdalena

Lieber Benedict, meine Urlaubsreise
begann mit dem Flugzeug. Ich
landete auf einer großen
Insel. Wir waren in einer
Delfin-Show. Die Delfine
sind hin und her gesprungen.
Liebe Grüße von Marvin

- Zu welcher Postkarte gehören welche Feriengrüße? Ordne zu.
- Wem möchtest du gern schreiben? Notiere die Adressen in einer kleinen Liste.

Kommissar Kniepels 13. Fall: Ein Dieb im Zug

Kommissar Kniepel sitzt im Zug nach Lugano, wo er einen Schweizer Kollegen besuchen will. „Nanu“, denkt er, „es wird ja immer dunkler, ich kann ja kaum noch lesen!“
Sie fahren durch den Gotthard-Tunnel. Eine Sekunde darauf flackert die Lampe noch einmal kurz auf, dann sitzen die Reisenden in völliger Finsternis.

Eine halbe Stunde später will die junge Frau ein Taschentuch aus der Handtasche nehmen: „Oh Schreck, man hat mein Portmonee gestohlen!“ – „Was gucken Sie mich so an, glauben Sie etwa, ich bin ein Dieb?“, entgegnet der Mann neben ihr empört.
„Ich habe geschlafen, als wir durch den Tunnel fuhren und das Licht auf einmal ausging.“

„Hören Sie mal!“, sagt der Mann mit Schnurrbart, „wollen Sie uns etwa verdächtigen? Wir haben uns auf der Fahrt nicht von der Stelle gerührt.“
„Es muss passiert sein, als es plötzlich dunkel wurde“, meint der Mann gegenüber zu seiner Nachbarin. Diese entgegnet:
„Ich habe nichts bemerkt.“

„Am besten rufe ich jetzt die Bahnpolizei. Die soll alle durchsuchen, dann ist der Dieb schnell gefunden“, sagt die junge Frau.
„Das ist gar nicht nötig, der Dieb hat sich schon selbst verraten“, sagt Kommissar Kniepel.

Detlef Kersten

- Wer ist der Dieb?
  Begründe. Lies die entsprechende Textstelle vor.
- Spielt einen Textabschnitt oder die ganze Geschichte vor.

Weggehn

Ein Eisbär aus Apolda wollte nach Obervolta.
Auf dem Weg zum Bahnhof vergaß er
den genauen Namen des Landes,
in das er wollte.
Nach Oberscholda, sagte der Eisbär.
Wie bitte, fragte die Kartenverkäuferin.
Obersolda, entgegnete der Eisbär.
Aber-kolda?
Nicht kolda, voll-da,
korrigierte der Eisbär.
Apvolda.
Ach so, Apolda?,
fragte die Kartenverkäuferin.
Ja, bestätigte der Eisbär.
Aber da sind Sie doch.
Die Kartenverkäuferin lachte.
Aha, brummte der Eisbär und
verließ befriedigt den Bahnhof.

Lutz Rathenow

- Vergleiche die beiden Texte. Was haben sie gemeinsam?
Was ist unterschiedlich?

- Den Text **Weggehn** könnt ihr spielen.
Probiere es mit einem Partnerkind aus.

A

02.03.2009–12.12.2009

Abfahrt Apolda

DB

15:00 – 16:00			
15:00 Mo-Fr 3	RB 16290	Weimar 15:11 – **Erfurt Hbf 15:30**	3
15:25	RB 16322	Weimar 15:36 – Erfurt Hbf 15:57 – Gotha 16:25 – **Eisenach 16:50**	2
15:32	RB 16325	Großheringen 15:43 – Naumburg 15:53 – Weißenfels 16:04 – **Halle (Saale) Hbf 16:37**	1
16:02 Mo-Fr 3	RB 16292	Weimar 16:14 – **Erfurt Hbf 16:33** (- als RE 16141 Saalfeld 17:40)	3
16:25	RB 16324	Weimar 16:36 – Erfurt Hbf 16:57 – Gotha 17:23 – **Eisenach 17:47**	2
16:32	RB 16327	Großheringen 16:43 – Naumburg 16:53 – Weißenfels 17:04 – **Halle (Saale) Hbf 17:37**	1
16:34 So 51	IC 1858	Weimar 16:43 – Erfurt Hbf 17:04 – Gotha 17:27 – Eisenach 17:44 – Fulda 18:36 – Frankfurt (Main) Hbf 19:32 ⊙ Heidelberg Hbf 20:50 – **Stuttgart Hbf 21:46**	2

Zeichenerklärung

Züge im Fernverkehr

IC	**Intercity** nationaler Reisezug; IC/EC-Zuschlag notwendig

Züge im Regional- und Nahverkehr

RE	**Regional-Express** (hält nicht auf allen Bahnhöfen)
RB	**Regionalbahn** (hält auf allen Bahnhöfen)

Verkehrstageregelungen

Mo	Montag
Fr	Freitag
So	Sonntag
(Sa)	täglich außer Samstag (Sonnabend)
3	**nicht** 10.,13.Apr, 1.,21.Mai, 1.Jun
26	**nicht** 12.Apr, 31.Mai
51	**nicht** 12.Apr, 31.Mai **auch** 13.Apr, 1.Jun
89	**nicht** 10.,12.Apr
99	bis 26. Jul und vom 20. Sep bis 6. Dez; **nicht** 12. Apr, 31. Mai, **auch** 13. Apr, 1. Jun

Weitere Angaben zu Zügen und Bahnhöfen

	Zugdurchlauf
	Zug mit Fahrradwagen/Mehrzweckabteil beschränkte Platzkapazitäten für Fahrräder
	Zug mit Stellplätzen im Fahrradabteil; Reservierung erforderlich
⊙	bis hier sind alle Halte angegeben

B

DB ICE Fahrkarte NORMALPREIS
CIV 80
UMTAUSCH/ERSTATTUNG AB DEM 1.GELTUNGSTAG: 15 EURO
VWV 1 Erwachsener
Gültigkeit: 27.11.03-26.12.03 H: bis 28.11.03 R: an 2 aufeinander folgenden Tagen innerhalb der Gültigkeit
KL/CL 2
ICE VON Apolda ->NACH ->Leipzig Hbf
ICE Leipzig Hbf ->Apolda
VIA: (ICE:WE*L)
1 GK/BC25
Preis EUR ***33,60
Gilt nicht zum Vorsteuerabzug
MWSt D: ***33,60 16,0% =***4,63
836810925
83681092-95
CARD
427781008 TQ3 000123 32 00
01.10.03 DB217 BERLIN 16.20

- Ordne den beiden Texten den richtigen Begriff zu:
  Text A ist ein Fahrplan/eine Fahrkarte/ein Fahrverbot.
  Text B ist ein Fahrplan/eine Fahrkarte/ein Fahrverbot.

- Stelle einem Partnerkind ähnliche Suchaufgaben:
  - Um wie viel Uhr fährt der Zug nach Eisenach?
  - In welchen Zug darf man kein Fahrrad mitnehmen?

Reisewörter

Weltreise
Reiselust
Dienstreise
Reisewecker
Eisenbahnreise
Reiseprogramm
Gesellschaftsreise
Geschäftsreise
Ferienreise
Reisegepäck
Luftreise
Sommerreise
Reiseleiter
...

Tilde Michels

Überlege, wie deine Ferien-Hitliste aussehen könnte.
Bringe sie am ersten Schultag mit in die 4. Klasse.

Fachwörter (Glossar):

das Akrostichon: Bei einem Akrostichon wird ein Wort von oben nach unten notiert und anschließend zu jedem Buchstaben ein Wort oder ein kurzer Satz aufgeschrieben.

die Autorin/der Autor: Eine Autorin/Ein Autor schreibt Texte, z.B. für Bücher oder für Zeitungen.

der Comic: Comics sind gezeichnete Bildgeschichten. Die Texte sind meist kurz und stehen oft in Sprech- und Denkblasen. Comic ist die Abkürzung von Comicstrip, das bedeutet: komischer Streifen.

das Cover: Der Einband eines Buches heißt Cover.

das Diagramm: In einem Diagramm werden Informationen grafisch dargestellt, z.B. als Säulen oder Balken oder kreisförmig.

das Elfchen: Elchen sind Gedichte, die aus elf Wörtern in fünf Zeilen bestehen: 1. Zeile, ein Wort = eine Farbe; 2. Zeile, zwei Wörter = etwas, was diese Farbe hat; 3. Zeile, drei Wörter = wo es ist; 4. Zeile, vier Wörter = noch etwas mehr erzählen; 5. Zeile, ein Wort = ein abschließendes Wort

die Fabel: Eine Fabel ist eine kurze → Geschichte, in der Tiere wie Menschen handeln. Die Menschen können sich in einer Fabel wie in einem Spiegel wiedererkennen. Aus der Fabel soll der Leser eine Lehre ziehen. Die ersten Fabeln hat Äsop geschrieben, der in Griechenland lebte.

die Fußnote: Eine Fußnote ist eine weiterführende Erklärung eines Wortes in einem Text.
Diese Anmerkung steht meist unten auf einer Buchseite, damit man den Text fließend lesen kann.

das Gedicht: Gedichte sind kleine Kunstwerke aus Wörtern. Meist sind sie in kurzen Zeilen (→ Versen) geschrieben. Oft reimen sich Gedichte.

die Geschichte: Geschichten erzählen etwas, was wirklich geschehen ist oder was sich jemand ausgedacht hat. Sie können aufgeschrieben oder mündlich erzählt sein. Ein anderes Wort für Geschichte: Erzählung.

das Glossar: Das Glossar ist eine Liste von Wörtern mit Erklärungen.

die Illustratorin/der Illustrator: Eine Illustratorin/Ein Illustrator zeichnet Bilder für Bücher, z.B. für Märchenbücher oder Kinderbücher.

die Legende: Legenden sind → Geschichten über das Leben der Heiligen. Diese Heiligen werden vorbildlich und gottesgefällig dargestellt, um die Leser oder Hörer zu belehren. Legenden wurden früher in katholischen Klöstern zum Namenstag der Heiligen vorgelesen. Wie die → Sage erzählt die Legende von Menschen, die wirklich gelebt haben. Erzählelement der Legende ist das Wunder.

das Lexikon: Ein Lexikon ist ein Buch, das zu Wörtern aus vielen Bereichen kurze Erklärungen gibt. Damit man die Wörter gut auffinden kann, sind sie nach dem Alphabet geordnet. Die Mehrzahl von Lexikon heißt Lexika.

das Märchen: Märchen sind besondere → Geschichten, die früher nur mündlich weitergegeben wurden. Viele Märchen beginnen mit „Es war einmal". Im Märchen ereignen sich wunderbare Dinge, die in der Wirklichkeit nicht passieren können. Es kommen merkwürdige Wesen, wie z.B. Hexen und Feen, Riesen und Zwerge oder sprechende Tiere, vor. Am Ende siegt immer das Gute.

der Rap: Ein Rap ist ein Sprechgesang. Das Wort kommt aus dem Englischen R.a.p. = Rhythm and poetry; auf Deutsch: Rhythmus und Poesie.

der Reim: Als Reim bezeichnet man gleich klingende Enden von zwei → Versen (Endreim).

das Rezept: Ein Rezept ist eine genaue Gebrauchsanleitung zur Zubereitung eines Gerichts.

das Rondell: Ein Rondell ist eine achtzeilige Gedichtform, bei der sich mehrere Zeilen (z.B. die Zeilen 2, 4 und 7) wiederholen.

der Sachtext: Sachtexte informieren über Dinge, Ereignisse oder Zusammenhänge, die es wirklich gibt oder gegeben hat. Zusätzlich zu Sachbüchern kann man sich über Sachverhalte auch im Internet informieren.

die Sage: Sagen sind besondere → Geschichten mit einem wahren Kern, die früher mündlich weitergegeben wurden.
Die Sage erzählt von einem bestimmten Ort und bestimmten Personen. Sie berichtet über nicht alltägliche, häufig wunderbare Ereignisse. In einer Sage können Tiere sprechen, es gibt Menschen mit übernatürlichen Kräften und wie im → Märchen Hexen, Riesen, Zwerge und andere wunderbare Figuren. Die Sprache ist eher einfach und oft im Dialekt der Region, in der sie spielt.

die Spielanleitung: Eine Spielanleitung erklärt die Spielregeln eines Spiels, z.B. die Anzahl der Spieler und die Anordnung der Spielteile zu Spielbeginn.

der Steckbrief: In einem Steckbrief werden knapp und listenartig die wichtigsten Daten einer Person oder eines Tieres genannt. Früher wurden Steckbriefe an öffentlichen Orten aufgehängt, um aus einem Gefängnis geflohene Personen wiederzufinden oder auch Verbrecher, die noch nicht geschnappt wurden.

die Strophe: → Gedichte und Lieder haben meist mehrere Strophen. Eine Strophe besteht aus Zeilen (→ Versen), die sich oft reimen.

die Tabelle: Eine Tabelle ist eine geordnete Darstellung von Texten. Die Inhalte werden in Zeilen und Spalten angeordnet.

der Titel: Ein Titel ist der Name eines Buches (Buchtitel). Auch Filme haben einen Titel.

der Verlag: Im Buchverlag werden Bücher entwickelt. Im Zeitschriftenverlag werden Zeitschriften entwickelt.

der Vers: Eine Reihe nebeneinander stehender Wörter ist eine Zeile; man nennt sie in einem → Gedicht Vers. Oft wird der Vers durch einen → Reim beendet. Es gibt aber auch reimlose Verse.

Lösungen von den Magazinseiten

S. 21/22 Rate mit: Kirche, Kirsche, Hirsche; Hose, Rose, Dose

S. 36/37 Drachen: AQUILONE; Baum gesucht: AHORN; Apfeltee: KÖSTLICH

S. 50/51 Text 1 passt.; Knobelei: Der fünfte Sohn heißt Tim; Drudel: leere Schüssel auf einem Tisch (von oben); Made lädt Freundin ein

S. 66/67 Märchenpaare: 1c, 2f, 3g, 4a, 5b, 6e, 7d; Gegenstände: 1c, 2b, 3a; Rapunzel: sitzt/schwitzt, bildschön/bildhübsch, Turm/Wurm; Was gehört nicht dazu? Hänsel und Gretel: Stiefel; Frau Holle: Stroh; Schneewittchen: Brot; Rumpelstilzchen: Tisch

S. 76/77 Weihnachtsmann: c; Kerze: Es reimen sich 6 Wörter; Wunschzettel: Schlittschuhe, Schokolade, Computer, Federtasche, Comicheft

S. 94/95 Zahlenrätsel: Zweig, Neumond, Esche, Dreirad, Wacht, Sieb; Scherzfragen: Seekrankheit, Februar, das M, das Ohr, mit L; Lachen ist gesund: Lachen ist die beste Medizin. Florians Dinge: a, f, g

S. 106/107 Reise-Logelei: Er braucht 8 Pferde; Scherzfrage: Es wiegt beides gleich viel, nämlich 1 Kilo; Bilderrätsel: Sonne, Sack, Burg, Flasche = Sage

S. 122/123 Frühlingsrätsel: Weidenkätzchen, Hase; Frühlingsblumen: Löwenzahn, Maiglöckchen, Narzisse, Tulpe: Was gibt es zu Ostern nicht?: Ostergans, Osterstiefel; Was sagen die Hühner?: Hühnerauge, Eieruhr, Bergkamm, Wasserhahn

S. 132/133 Kuckuckseier: Müller, Mühle, Mütze; Was gehört zusammen? 1c, 2b, 3d, 4a; Gegenstände im Müll: Dosen, Flaschen, Gläser, Papier, Reste; Müll-Rätsel: MÜLL; Bilderrätsel: Kompost, Restmüll, Verpackung

S. 146/147 Verhaltensregeln: Das Beben dauert nicht lange; Vulkan: VESUV; Wellenreiter: 3

S. 162/163 Wahr/gelogen: PRIMA; drei Kuckuckseier: Schleim, Scheine, Schwan; Drudel: Schwein läuft in den Stall, Schwein hinter einer Mauer, Schwein im Nebel, Schwein sucht ein Buch in einem Bücherregal

S. 172/173 Was passt? 1a, 2b, 3c; Buch gesucht: Es ist das lilafarbene Buch; Jim Knopf, Räuber Hotzenplotz, Pippi Langstrumpf, Traumfresserchen, Häwelmann; Bilderrätsel: Buch, Autor, Titel

S. 186/187 Rätsel: Schatten; Bilderrätsel: Kind Nr.4; Eissorten: Vanille – Schokolade – Himbeere; Erdbeere – Zitrone – Banane; Heidelbeere – Pfirsich – Vanille; Haselnuss – Kiwi – Pistazie; Merkwürdige Wörter: Sommerreise, Meeresstrand, Reisegepäck, Himbeereis, Ferienbeginn, Gebirge, Sonnenbrand, Grillwurst, Schwimmbad, Flugzeug; Wohin wollen die Wanderratten?: London, Venedig, Amsterdam, Paris, Berlin, Salzburg; Sommerwörter: Skianzug, Streusand, Barbarazweige

Inhalt nach dem Abc

128 25. April – der Tag des Baumes

A

98 Ab heute sind wir cool!
193 Abfahrt Apolda
68 Am Schneesee
118 April · *Heinrich Seidel*
22 Auch Hundekinder gehen in die Schule
118 Aufpassen: 1. April!
15 Aus einem anderen Land

B

124 Bastelanleitung für eine Osterkarte
104 Bildgeschichten
129 Bruder Ahorn
129 Bruder Baum
127 Buche
180 Bücher
179 Bücher – selbst gestaltet
178 Bücher aus früherer Zeit
116 Bullerbü im Frühling

C

100 Come sta? Sto bene

D

161 Das freche Schwein
85 Das Glücksschwein
156 Das Hausschwein
135 Das Wasser
134 Das Wasser sucht sich seinen Weg
135 Das Wassertröpfchen
119 Das Wolkenbuch
129 Der Apfelbaum
129 Der Baum
153 Der Eber ist stets missgestimmt, ...
62 Der Froschkönig
29 Der größte Apfel der Welt
30 Der Herbst steht auf der Leiter
170 Der Lesemuffel – ein erster Blick ins Buch
29 Der letzte Apfel am Apfelbaum
120 Der Löwenzahn
74 Der Schatz im Garten
24 Der schönste erste Satz
85 Der Schuh vom Pferd
181 Der Sommer
184 Der Sommer schlägt die Federbälle
34 Der Sturm
31 Der Tausch
71 Der Winter
79 Dezemberkalender
144 Diamantenfieber früher
145 Diamantenfieber heute
53 Die beiden Ziegen
13 Die Brücke
62 Die Brüder Grimm
127 Die Buche
60 Die diamantene Axt
57 Die drei Wünsche
120 Die Gießkanne und der Löwenzahn
55 Die Märchen
131 Die Olchis im Internet

E

20 Ein Außerirdischer in der Schule
166 Ein Glücksschwein aus Papier
25 Ein Guckloch in dein Buch
16 Ein schlimmer Tag für Moritz
109 Ein schweres Spiel für die Wilden Fußballkerle
96 Ein tolles Gefühl
112 Ein Zwiegespräch aus alter Zeit
174 Eine Lesenacht in der Schule
90 Einfach alles
115 Einzug des Frühlings
7 Endlich!
152 Erde
149 Es wütet der Sturm

F

52 Fabelhaftes – drei Fabeln: Der Zeisig und die Taube
91 Faulenzen
10 Ferienfundstücke
115 Frühling
119 Frühlinter

G

32 Gegen den Wind
85 Glücksboten für das neue Jahr
134 Grieselbach-Gedicht
190 Gute Reise, schreib mir mal!
80 Guten Abend, schön Abend

H

38 Halloween
101 Hat alles seine Zeit
176 Herr Fuchs mag Bücher
169 Herr Taschenbier trifft das Sams
82 Hilfe, die Herdmanns kommen!
185 Hüpfendes Sommerorchester

I

167 Ich nahm das kleine Buch
74 Im Glanz der Kälte

K

139 Kinder stellen viele Fragen
92 Kinder und ihre Hobbys
93 Kinder-Dialog
32 Kirschkerne spucken
103 Klassen-Ordnung
161 Klatschspiel
191 Kommissar Kniepels 13. Fall: Ein Dieb im Zug
134 Künstliche Flüsse

L

81 Legende vom Nikolaus
113 Leise zieht durch mein Gemüt
168 Lesetraining: Bücher, Bücher, ... ➲ Kinderliteratur kennen: Werke, Autoren und Autorinnen, Figuren, Handlungen
88 Lesetraining: Das tut mir gut ➲ zentrale Aussagen eines Textes erfassen und wiedergeben
126 Lesetraining: Der Natur auf der Spur ➲ verschiedene Sorten von Sach- und Gebrauchstexten kennen
102 Lesetraining: Früher und heute ➲ Verfahren zur ersten Orientierung über einen Texten nutzen
114 Lesetraining: Im Frühling ➲ Texte begründet auswählen

28 Lesetraining: Im Herbst ● gezielt einzelne Informationen suchen
182 Lesetraining: Im Sommer ● lebendige Vorstellungen beim Lesen und Hören literarischer Texte entwickeln
72 Lesetraining: Im Winter ● Unterschiede und Gemeinsamkeiten von Texten finden
8 Lesetraining: In der Schule ● bei Verständnisschwierigkeiten Verstehenshilfen anwenden: nachfragen, Wörter nachschlagen, Texte zerlegen
56 Lesetraining: Märchenzeit ● Erzähltexte, lyrische Texte und szenische Texte kennen und unterscheiden
154 Lesetraining: Mit Tieren leben ● einen Text mit eigenen Worten wiedergeben
Lesetraining: Miteinander leben ● bei der Beschäftigung mit literarischen Texten Sensibilität und Verständnis für Gedanken und Gefühle und zwischenmenschliche Beziehungen zeigen
140 Lesetraining: Wusstest du schon? ● Angebote im Netz kennen und begründet auswählen
26 Lesevergnügen
97 Liebkoselied
86 Lied der Eiszapfen
121 Löwenzahnversuch
121 Löwenzahnzeit

M

172 Magazin: Bücher, Bücher, …
94 Magazin: Das tut mir gut
132 Magazin: Der Natur auf der Spur
106 Magazin: Früher und heute
122 Magazin: Im Frühling
36 Magazin: Im Herbst
186 Magazin: Im Sommer
76 Magazin: Im Winter
18 Magazin: In der Schule
66 Magazin: Märchenzeit
162 Magazin: Mit Tieren leben
50 Magazin: Miteinander leben
146 Magazin: wusstest du schon?
58 Märchen-Basteleien
70 Märchen-Merkspiel
Meine Ferienhits
49 Meine Oma – mein Opa
125 Merkvers
171 Muffel kann fast alles

N

47 Nach einem Streit
164 Noch mehr Schweinchen
17 Noten, Noten, Noten …
18 Notenbeschwörung
40 November

O

48 Oma kann sich nicht erinnern
124 Oster-Gedichte zum Verschenken
123 Osterrätsel

R

19 Rate mit
106 Rätsel für Schulkinder
74 Raureif
194 Reisewörter
89 Ronja Räubertochter
108 Rund ums Leder

S

110 Sagenhaftes – drei Sagen
Wie Riesa zu seinem Namen kam
Wie Dabel zu seinem Namen kam
175 Schmökertipps
9 Schulsteckbrief von Benjamin
155 Schwein gehabt
158 Schweinchen dringend gesucht
27 Septembermorgen
87 Sich regen
74 Silberschatz
84 Silvester
118 So geht es in Grönland
90 So im Schatten liegen möchte ich
130 So sind die Olchis
184 Sommergesang
39 Spiele für die Halloween-Party
44 Steckenpferde
138 Stelle dein eigenes Natur-Tagebuch her
33 Südamerikanischer Windvogel

T

97 Trost-Tipp aus Guatemala

V

85 Vierblättriger Klee
14 Vimala
149 Vom Wintersturm
52 Von einer Maus, die einen Löwen befreit

W

188 Wahr oder gelogen?
150 Wann erscheint am Himmel ein Regenbogen?
120 Warum sind Löwenzahnblüten gelb?
142 Warum spuckt die Erde Feuer?
91 Was gemütlich ist
136 Was verursacht hauptsächlich die Erderwärmung?
192 Weggehen
41 Wen du brauchst
33 Wenn der Wind müde wird
115 Wenn es Frühling wird …
75 Wenn es Winter wird
137 Werbeplakate für eine gute Sache
151 Wie der Regenbogen die Vögel färbte
148 Wie entstehen Wellen?
111 Wie Köpenick zu seinem Namen kam
78 Winterliche Eigenheiten
80 Winterwunschnacht
13 Wir
183 Wir reißen aus
144 Wo findet man Diamanten?
43 Worüber der Franz unzufrieden ist
47 Wunder des Alltags
46 Wut
141 www.blinde-kuh.de

Z

54 Zu Hause
134 Zum Beispiel der Fluss
12 Zwei Stifte
73 Zweimal Winter

Verfasser- und Quellenverzeichnis

S.47 **Anger-Schmidt, Gerda**: Nach einem Streit. Aus: Sei nicht sauer, meine Süße! Düsseldorf: Sauerländer Verlag 2009
S.55 **Ausländer, Rose**: Die Märchen. Aus: Mein Atem heißt jetzt. Frankfurt am Main: S.Fischer Verlag 1981
S.176 **Biermann, Franziska**: Herr Fuchs mag Bücher (Auszug, gekürzt). Berlin: Berlin Verlag 2007
S.20 **Blume, Bruno**: Gufidaun. Aus: Gufidaun. Martin und der Außerirdische. Berlin: Tulipan 2007
S.164 **Boie, Kirsten**: Noch mehr Schweinchen. Aus: King-Kong, das Liebesschwein. Hamburg: Oetinger Verlag 1993
S.183 Wir reißen aus (Titel hinzugefügt, Auszug, gekürzt). Aus: Sommer im Möwenweg. Hamburg: Verlag Friedrich Oetinger 2006
S.52 **Bolliger, Max**: Von einer Maus, die einen Löwen befreit. Aus: Mein erstes Vorlesebuch der schönsten Tierfabeln. Ravensburg: Ravensburger Buchverlag Otto Maier 1992
S.124 **Brecht, Bertolt**: Grün sind die Sträucher ... Aus: Werke GBA in 30 Bänden, Band 1, 1988 Suhrkamp
S.13 **Brender, Irmela**: Wir. Aus: Fuhrmann, Joachim (Hrsg.): Gedichte für Anfänger. Reinbek bei Hamburg: Rowohlt 1980
S.104 **Busch, Wilhelm**: Fünfter Streich. Aus: Max und Moritz. München: Verlag von Braun und Schneider (o. J.)
S.181 **Busta, Christine**: Der Sommer. Aus: Johannes Grüger (Hrsg.): Die Sternenmühle. Salzburg © 1959 Otto Müller Verlag.
S.125 **Busta, Christine**: Merkvers. Aus: Wenn du das Wappen der Liebe malst ... Gedichte. Salzburg: Otto Müller Verlag 1981
S.44 **Colfer, Eoin**: Steckenpferde (Überschrift hinzugefügt, Auszug, gekürzt). Aus: Tim und der schrecklichste Bruder der Welt. Deutsch von Brigitte Jakobeit. Weinheim-Basel: Beltz-Verlag, 3. Auflage 2008, Programm Beltz und Gelberg
S.144 **Crummenerl, Rainer**: Wo findet man Diamanten? (gekürzt): Aus: Das will ich wissen. Würzburg: Arena 2004
S.80 **Deppert, Fritz**: Winterwunschnacht. Aus: Hans-Joachim Gelberg (Hrsg.): Die Erde ist mein Haus. Weinheim-Basel: Beltz Verlag 1988, Programm Beltz und Gelberg
S.130 **Dietl, Erhard**: So sind die Olchis. Aus: So sind die Olchis. Hamburg: © Verlag Friedrich Oetinger 1996; www.olchis.de/ok_index.html
S.107 **Dürr, Gisela; Stiefenhofer, Martin**: Verliebt, verlobt, verheiratet. Aus: Weltbild Verlag GmbH (Hrsg.): Schöne alte Kinderspiele, © Weltbild Verlag GmbH, 8. Auflage 2000
S.19 **Eberle, Theodor**: Wie heißt ... Aus: Der bunte Hund, Heft 51, Weinheim: Beltz & Gelberg, 1998
S.97 **Ehrhardt, Monika**: Liebkoselied. Aus: Reinhard Lakomy & Monika Ehrhardt: Der Traumzauberbaum. Geschichtenlieder. Leipzig/Dresden: Edition Peters 1985
S.148 **Englert, Sylvia**: Wie entstehen Wellen? (Zwischenüberschriften hinzugefügt, geändert) Aus: Frag doch mal die Maus. Meere und Ozeane. München: cbj 2007
S.180 **Fährmann, Willi**: Lesen, das ist wie ... Aus: Der überaus starke Willibald. Würzburg: Arena Verlag 1983
S.112 **Falke, Gustav**: Ein Zwiegespräch aus alter Zeit. Aus Ute Bogner (Hrsg.): Die schönsten Kinderreime. München/Zürich: Delphin Verlag 1983
S.91 Fröhlich, Roswitha: Was gemütlich ist. Aus: Hans-Joachim Gelberg (Hrsg.): Menschengeschichten. Weinheim-Basel: Beltz Verlag 1975, Programm Beltz und Gelberg
S.68 **Fühmann, Franz**: Am Schneesee. Aus: Die dampfenden Hälse der Pferde im Turm von Babel. Hinstoeff, Rostock 2009
S.115 **Gabriel, Albert**: Einzug des Frühlings. Aus: Sieben Blumensträuße. Reime und Gedichte für den Kindergarten. Berlin: Volk und Wissen Verlag, 5. Auflage 1989
S.184 **Gerhardt, Paul**: Sommergesang. Aus: Tränen des VaterlandS. Berlin Aufbau-Verlag 1963
S.101 **Goethe, Johann Wolfgang von**: Hat alles seine Zeit. Aus: Concerto dramatico (vor April/Mai 1773), Band 1, S.151
S.62 **Grimm, Jacob und Wilhelm**: Der Froschkönig (gekürzt). In: Kinder- und Hausmärchen. Frankfurt am Main/Leipzig: Insel Verlag 1992
S.129 **Guggenmos, Josef**: Bruder Ahorn. Aus: Hans-Joachim Gelberg (Hrsg.): Überall und neben dir, Gedichte für Kinder. Weinheim-Basel: Beltz Verlag 1993, Programm Beltz und Gelberg
S.100 Come sta? Sto bene. Aus: Hans-Joachim Gelberg (Hrsg.): Groß ist die Welt. Weinheim-Basel: Beltz Verlag 2006, Programm Beltz und Gelberg
S.32 Gegen den Wind. Aus: Oh, Verzeihung sagte die Ameise. Weinheim-Basel: Beltz Verlag 1990, Programm Beltz und Gelberg
S.74 Raureif. Aus: Ich will dir was verraten. Weinheim-Basel: Beltz Verlag 1992, Programm Beltz und Gelberg
S.118 So geht es in Grönland. Aus: Romulus Candea (Hrsg.): Immerwährender Kinderkalender. Österreichischer Bundesverlag 1958, © Josef Guggenmos, Irsee
S.40 **Güll, Friedrich**: Nebel (ohne Titel). Aus: Ursula Remmers/Ursula Warmbold (Hrsg.): Von der Erde bis zum Mond. Gedichte für Kinder. Stuttgart: Reclam 2004
S.30 **Hacks, Peter**: Der Herbst steht auf der Leiter. Aus: Der Flohmarkt. Berlin: © Eulenspiegel Verlag 2001
S.149 **Heine, Heinrich**: Es wütet der Sturm ... Aus: Buch der Lieder. Die Nordsee. Erster Zyklus. Nr. 8. Düsseldorf: Hoffmann und Campe 1975
S.113 **Heine, Heinrich**: Leise zieht durch mein Gemüt. Aus: Ulla Hahn: Gedichte für's Gedächtnis. Stuttgart, München: Deutsche Verlagsanstalt 1999
S.26 **Herold, Gottfried**: Lesevergnügen.
S.134 Zum Beispiel der Fluss. Aus: Komm, wir wolln im Regen gehen. Berlin: Der Kinderbuchverlag 2000.
S.180 **Hesse, Herrmann**: Gedankenloses, zerstreutes Lesen ... Aus: Zitatenlexikon, © VEB Bibliographisches Institut Leipzig, 1983
S.86 **Hofbauer, Friedl**: Lied der Eiszapfen. Aus: Ilse Walther (Hrsg.): Das Jahreszeiten-Reimebuch. Wien: Herder 1992
S.170 **Hula, Saskia**: Der Lesemuffel – ein erster Blick ins Buch (Titel ergänzt).
S.171 Muffel kann fast alles (Auszug, gekürzt). Aus: Der Lesemuffel. Oberentfelden: Sauerländer 2007
S.48 Oma kann sich nicht erinnern (Auszug, gekürzt). Wien: Dachs Verlag 2006
S, 134 Hundertwasser, Friedensreich: Grieselbach-Gedicht. Aus: Hans-Joachim Gelberg (Hrsg.): Oder die Entdeckung der Welt. Weinheim-Basel: Beltz Verlag 1997, Programm Beltz und Gelberg
S.24 Initiative Deutsche Sprache, Stiftung Lesen: Der schönste erste Satz. Ismaning: Hueber Verlag 2008
S.33 **Janisch, Heinz**: Wenn der Wind müde wird. Aus: Ich schenk dir einen Ton aus meinem Saxofon. Wien: Jungbrunnen 1999
S.32 **Jatzek, Gerald**: Kirschkerne spucken. Aus: Der Lixelhix. München/Wien: Jugend und Volk, 1986
S.186 **Jenkes, Claudia**: Spiele im Wasser (Titel geändert). Aus: Mücke,7,8/95 Universum
S.120 **Kahlau, Heinz**: Der Löwenzahn. Aus: Der Rittersporn blüht blau im Korn. Berlin: Der Kinderbuchverlag 1972
S.71 **Kaléko, Mascha**: Der Winter. Aus: Wie's auf dem Mond zugeht und andere Verse. Sigmaringen: Jan Thorbecke Verlag 1982
S.191 **Kersten, Detlef**: Kommissar Kniepels 13. Fall. Aus: Kommissar Kniepel. München: ars Edition 1998
S.142 **Klausmann, Ulrike**: Warum spuckt die Erde Feuer? Aus: Mücke, Heft 5/2000, © Universum Verlagsanstalt GmbH KG Wiesbaden
S.161 **KNISTER/Maar, Paul**: Klatschspiel (Titel geändert) Aus: Wo ist mein Schuh? fragt die Kuh. Würzburg: Arena Verlag 2001
S.151 **Köhne, Beate**: Wie der Regenbogen die Vögel färbte (Titel hinzugefügt, gekürzt, geändert). Aus: http://www.journalistenetage.de/koehne/koehne11.htm
S.90 **Kordon, Klaus**: Einfach alles. Aus: Uwe-Michael Gutzschhahn: Ich möchte einfach alles sein. München, Wien: Carl Hanser Verlag 1998
S.29 **Korinetz, Jurij**: Der letzte Apfel am Apfelbaum. Aus: Ein Reigen um die Welt, dtv junior, © Hans Baumann
S.16 **Ko ic, Christa**: Ein schlimmer Tag für Moritz. Aus: Moritz in der Litfaßsäule. Ein Leseprojekt zu dem gleichnamigen Kinderbuch von Christa Kožic, erarbeitet von Katja Eder, Erna Hattendorf und Irene Hoppe. Berlin: Cornelsen Verlag 2007
S.93 **Krenzer, Rolf**: Kinder-Dialog.
S.123 Meine Schale ist rund ... Aus: Der Hase Franz. Ellermann Verlag 1995
S.135 **Krüss, James**: Das Wasser. Aus: Der Zauberer Korinthe. Hamburg: Verlag Friedrich Oetinger 1982
S.119 Frühlinter. Aus: Der wohltemperierte Leierkasten. München: Bertelsmann 1989
S.79 **Kulick, Hartmut**: Dezemberkalender. Aus: Reinhard Abeln: So bunt wie ein Basar. Kevelaer: Verlag Butzon & Bercker 1996
S.134 Künstliche Flüsse. Aus: Mach mit, Heft 7/92, Friedrich Velber Verlag, Seelze 1992
S.120 **Kunze, Reiner**: Warum sind Löwenzahnblüten gelb? Aus: Binder, Dagmar/Riha, Susanne (Hrsg.): Wenn es Frühling wird. Düsseldorf: Patmos 2002.
S.152 **Künzler-Behncke, Rosemarie**: Erde. Aus: Hans-Joachim Gelberg (Hrsg.): Großer Ozean. Weinheim-Basel: Beltz Verlag 2000, Programm Beltz und Gelberg
S.115 **Leitner, Hilga**: Frühling. Aus: Dem Frühling auf der Spur. Herder 2007
S.73 **Lewis, Clive Staples**: Der König von Narnia (ohne Titel, Auszug, gekürzt). Deutsch von Lisa Tetzner. Moers: Brendow Verlag 1998
S.184 **Lichius, Joseph**: Der Sommer schlägt die Federbälle. Aus: Blätter für meinen Kalender. Gedichtssammlung. Hannover: Schroedel 1979
S.116 **Lindgren, Astrid**: Bullerbü im Frühling. Aus: Die Kinder aus Bullerbü. Übersetzt von: Else v. Holländer-Lossow & Karl Kurt Peters Hamburg: Verlag Friedrich Oetinger 1988
S.89 Ronja Räubertochter (Auszug, gekürzt). Übersetzt von: Anna-Liese Kornitzky Hamburg: Verlag Friedrich Oetinger 1982
S.122 **Maar, Paul**: Bildreim (ohne Titel). Aus: Kreuz und Rüben, Kraut und quer. Hamburg: Verlag Friedrich Oetinger 2004, © beim Autor
S.169 **Maar, Paul**: Herr Taschenbier trifft das Sams (Titel hinzugefügt, Auszug, gekürzt). Aus: Eine Woche voller Samstage. Hamburg: Verlag Friedrich Oetinger 1973
S.19 **Maar, Paul**: Mit H hat sie ... Aus: Dann wird es wohl das Nashorn sein. Weinheim Basel: Beltz Verlag 4. Auflage 1997, Programm Beltz und Gelberg
S.17 **Maar, Paul**: Noten, Noten, Noten ... Aus: Dann wird es wohl das Nashorn sein. Weinheim-Basel: Beltz Verlag 4. Auflage 1997, Programm Beltz und Gelberg
S.18 **Maar, Paul**: Notenbeschwörung. Aus: Dann wird es wohl das Nashorn sein. Weinheim-Basel: Beltz Verlag 4. Auflage 1997, Programm Beltz und Gelberg
S.47 **Manz, Hans**: Wunder des AlltagS. Aus: Hans-Joachim Gelberg (Hrsg.): Überall und neben dir, Gedichte für Kinder. Weinheim-Basel: Beltz Verlag 1993, Programm Beltz und Gelberg
S.70 Märchen-Memospiel (Titel hinzugefügt). Aus: Die Kinder- und Hausmärchen der Brüder Grimm. Berlin: Middelhauve Verlag für Der Kinderbuchverlag 1963
S.109 **Massanek, Joachim**: Ein schweres Spiel für die Wilden Fußballkerle (Titel hinzugefügt, Auszug, gekürzt). Aus: Die Wilden Fußballkerle. Deniz, die Lokomotive. Ein Leseprojekt nach dem gleichnamigen Kinderbuch von Joachim Massanek. Berlin: Cornelsen 2008
S.194 **Michels, Tilde**: Reisewörter (Auszug. Aus: Hans-Joachim Gelberg (Hrsg.): Der fliegende Robert. Weinheim-Basel: Beltz Verlag 1991, Programm Beltz und Gelberg

S.96 **Mierswa, Annette**: Ein tolles Gefühl (Titel hinzugefügt, Auszug, gekürzt). Aus: Lola auf der Erbse. Berlin: Tulipan 2008
S.14 **Mönter, Petra**: Vimala (Titel hinzugefügt, Auszug, gekürzt). Aus: Petra Mönter (Text), Sabine Wiemers (Illustrationen): Vimala gehört zu uns. Freiburg, Wien: keRLE im Verlag Herder 2002
S.40 **Morgenstern, Christian**: Nebel hängt wie ... Aus: Gesammelte Werke. München, Piper 1965
S.75 Wenn es Winter wird. Aus: H. O. Proskauer (Hrsg): Sämtliche Dichtungen, Abt. 2, Bd. 16: Kindergedichte. Basel (Zbinden) 1978
S.27 **Mörike, Eduard**: Septembermorgen. Aus: Gedichte, Ausw. u. Nachw. von Bernhard Zeller, Stuttgart: Reclam 1977
S.121 **Moser, Erwin**: Die Gießkanne und der Löwenzahn. Aus: Das große Fabulierbuch. Weinheim-Basel: Beltz Verlag 1995, Programm Beltz und Gelberg
S.90 So im Schatten liegen möchte ich. Aus: Wolf Harranth, Christine Sormann (Hrsg.): Im Pfirsich wohnt der Pfirsichkern. Mödling-Wien: Verlag St. Gabriel 1994
S.80 Naumilkat, Ilse (2. und 3. Strophe) Guten Abend, schön Abend. Aus: Mein Liederkästchen. Berlin: Volk und Wissen Verlag 1992
S.43 **Nöstlinger, Christine**: Worüber der Franz unzufrieden ist (Auszug, gekürzt). Aus: Fernsehgeschichten vom Franz. Hamburg: Verlag Friedrich Oetinger 1994
S.87 Sich regen ... Aus: Hans-Joachim Gelberg (Hrsg.): Der dicke Hund, Weinheim-Basel: Beltz Verlag 1992
S.98 **Opel-Götz, Susann**: Ab heute sind wir cool (gekürzt). Hamburg: Verlag Friedrich Oetinger 2008
S.46 **Pressler, Mirjam**: Wut. Aus: Die schönsten Erstlesegeschichten. Frankfurt am Main: Fischer Verlag 2002
S.31 **Quehl, Annemarie; Krichbaum-Steuber, Rosemarie**: Der größte Apfel der Welt. Aus: Rund um den Apfel. München: ars Edition 1999
S.192 **Rathenow, Lutz**: Weggehn. Aus: Hans-Joachim Gelberg (Hrsg.): Eines Tages. Weinheim-Basel: Beltz Verlag 2002, Programm Beltz und Gelberg
S.91 **Reding, Josef**: Faulenzen. Aus: Gutentagtexte, © Engelbert-Verlag, Gebr. Zimmermann GmbH 1974
S.84 **Richter, Jutta**: Silvester. Aus: Der Sommer schmeckt wie Himbeereis. München: C. Bertelsmann 1990
S.82 **Robinson, Barbara**: Hilfe, die Herdmanns kommen! (Auszug, gekürzt) Deutsch von Nele und Paul Maar. Hamburg: Verlag Friedrich Oetinger 1974
S.123 **Röckener, Andreas**: Was wollen us diese Hühner sagen?
S.94 Zahlenrätsel. Aus: Drudel für Denker. München: Bertelsmann 2001
S.81 **Rosenstock, Roland**: Legende vom Nikolaus Aus: Frag doch mal die Maus. Fragen zu Gott und der Welt und den großen Religionen. München: cbj 2006
S.129 **Roth, Eugen**: Der Baum. Aus: Hans-Joachim Gelberg (Hrsg.): Überall und neben dir, Gedichte für Kinder. Weinheim-Basel: Beltz Verlag 1993, Programm Beltz und Gelberg
S.12 **Schubiger, Jörg**: Zwei Stifte. Aus: Jörg Schubiger/Franz Hohler (Text), Jutta Bauer (Bilder): Aller Anfang. Weinheim-Basel: Beltz Verlag 2006, Programm Beltz und Gelberg
S.41 **Schwarz, Regina**: Wen du brauchst. Aus: Hans-Joachim Gelberg (Hrsg.): Überall und neben dir, Gedichte für Kinder. Weinheim-Basel: Beltz Verlag 1993, Programm Beltz und Gelberg
S.40 **Schweiggert, Alfons**: Auch das grünste Laub ... Aus: Seht, wie die Zeit vergeht. Weinheim-Basel: Beltz Verlag 1976
S.161 **Seck-Agthe, Monika**: Das freche Schwein. Aus: Bartholl, Silvia (Hrsg.): Alles Schwein. Weinheim-Basel: Beltz Verlag 1998, Gulliver Taschenbuch 291
S.118 **Seidel, Heinrich**: April. Aus: Paul Faulbaum (Hrsg.): Sonniges Jugendland, Osterwieck, Zickfeldt 1922
S.29 **Strittmatter, Erwin**: Der Tausch: Aus Schulzenhofer Kramkalender. Berlin und Weimar: Aufbau-Verlag 1966
S.40 **Strittmatter, Eva**: Zwei letzte Knospen ... Aus: Ich schwing mich auf die Schaukel. Berlin: Der Kinderbuchverlag (o. J.)
S.14 **Strudlik, Sabine**: Aus einem anderen Land (Titel hinzugefügt, gekürzt). Aus: Ich mag Fatma. © Weltbild Buchverlag 1999
S.139 **Thieme, Monika**: Kinder stellen viele Fragen (Originalbeitrag)
S.155 **Timm, Uwe**: Schwein gehabt (Auszug, gekürzt). Aus: Rennschwein Rudi Rüssel. Zürich/Frauenfeld: Verlag Nagel & Kimche 1989
S.129 Tolstoi, Leo: Apfelbäumchen. Aus: G. Guttenhofer (Hrsg.): Schau in die Welt. Lesebuch der freien Waldorfschulen für das 2. und 3. Schuljahr. Stuttgart: Verlag freies Geistesleben 1989. Deutsch von Hans Baumann. Rechte bei Elisabeth Baumann.
S.180 **Tschechow, Anton**: Du tust gut ... Aus: Zitatenlexikon, © VEB Bibliographisches Institut Leipzig, 1983
S.108 **Ursi Zeilinger**: Rund ums Leder (Titel geändert). Aus: http://www.kindernetz.de/infonetz/thema/fussball/fussball/-/id=24296/nid=24296/did=24290/nj4orj/index.html © SWR 2009
S.53 Uschinski, K. D.: Die beiden Ziegen. Aus: Meine Fibel. Berlin: Verlag Volk und Wissen 1990
S.40 **Wehren, Rudolf**: Nun liegt die Erde ... Aus: Ernst Bühler und Margrit Lobeck: Scheine Sonne scheine. © 1992 by Paul Haupt Berne
S.13 **Welsh, Renate**: Die Brücke. Aus: Das Sprachbastelbuch, © 1975 Esslinger Verlag, J. F. Schreiber, Esslingen, Wien, Esslinger Edition, J&V
S.34 **Westera, Marleen**: Der Sturm (Auszug, Titel hinzugefügt, gekürzt). Aus: Schaf und Ziege. Deutsch von Rolf Erdorf. Oberentfelden: Sauerländer 2006
S.119 **Wißkirchen, Christa**: Das Wolkenbuch. Aus: Spielen und lernen, Heft4/91, Velber Verlag, Seelze 1991
S.166 **Wittkamp, Frantz**: Glück ist ... Aus: mein großes Glück bist du: Münster: Coppenrath Verlag 2001
S.167 Ich nahm ... Aus: Ich glaube, daß du ein Vogel bist, © 1987, 1990 Beltz Verlag, Weinheim und Basel
S.136 **Zepp, Dorothee**: Stelle dein eigenes Natur-Tagebuch her (Titel geändert, gekürzt, geändert). Aus: Löwenzahnmagazin 5/2001. Berlin: Egmont Ehapa
S.158 **Zöller, Elisabeth**: Schweinchen dringend gesucht (Auszug, gekürzt). Aus: Die Hotelbande – Das vermisste Schwein. Frankfurt am Main: Fischer 2009

S.193 Abfahrtsplan Apolda: Deutsche Bahn AG
S.127 Buche. Aus: Das Kinderlexikon. Berlin: Volk und Wissen Verlag 2003
S.156 Das Hausschwein. Aus: Mach mit, Heft 8/2000, Velber Verlag, Seeze
S.133 Das Müll-Rätsel (gekürzt). Aus: Löwenzahnmagazin 5/2001. Berlin: Egmont Ehapa
S.134 Das Wasser sucht sich seinen Weg. Aus: Mach mit, Heft 7/92, Friedrich Velber Verlag, Seelze 1992
S.145 Diamantenfieber heute. Aus: http://www.lr-online.de/vermischtes/LR-Panorama;art1676,1659681
S.57 Die drei Wünsche. Aus: Jahrbuch für Geschichte, Sprache und Literatur Elsass-Lothringen, Straßburg, Jg. I/1885-34/1918 (bearbeitet)
S.25 Ein Guckloch in dein Buch: http://bildungsserver.berlin-brandenburg.de/1148.html
S.60 Litauisches Märchen: Die diamantene Axt. Nach: Lesebuch 3. Berlin: Verlag Volk und Wissen 1983
S.122 Lustige Frühlingsrätsel: Aus: www.karin-jaeckel-autorin.de
S.106 Rätsel für Schulkinder. Aus: Ernst Bühler und Margrit Lobeck: Scheine Sonne scheine. © 1992 by Paul Haupt Berne
S.163 Sprichwörter und Sprüche vom Schwein. Aus: Sabine Latorre, Annerose Naber: Schwein. Dietzenbach: ALS-Verlag 2000
S.162 Vorurteile! Aus: Sabine Latorre, Annerose Naber: Schwein. Dietzenbach: ALS-Verlag 2000
S.150 Wann erscheint am Himmel ein Regenbogen? Aus: http://www.br-online.de/kinder/fragen-verstehen/wissen/2006/01404/
S.110 Wie Dabel zu seinem Namen kam. Aus: www.dabel.de/index.php/geschichte/3-dabel-name.html
S.111 Wie Köpenick zu seinem Namen kam. In Anlehnung an: Inge Kiessig: Berliner Sagen. Berlin: Berlin-Information 1988
S.110 Wie Riesa zu seinem Namen kam. In Anlehnung an: Siegfried Berger: Der Sagenschatz um Riesa, Riesa 1992
S.78 Winterliche Eigenheiten. In Anlehnung an: Ruth Thomson: Die 4 Jahreszeiten – Winter. Salzburg-Bern: Dr. Hans Peters-Verlag 1990

Bildquellen

S.10/11 Seestern: Superbild/AGB; Schnecken und Muscheln: Aus: Rudolf Kilias (Hrsg.): Lexikon Marine Muscheln und Schnecken, © 1997 Verlag Eugen Ulmer GmbH & Co.; Federn: Hans Borchert, Berlin; Muschel: Horst Theuerkauf, Gotha; Verlassenes Nest der Amsel: Superbild Zscharnak; Borke eines Baumes/Steinkette: © BARLO FOTOGRAFIK, Tobias Schneider, Berlin; S.12 Jutta Bauer in Jörg Schubiger/Franz Hohler: Aller Anfang. Beltz & Gelberg Verlag, Weinheim und Basel 2006; S.14/15 Sabine Wiemers in Petra Mönter: Vimala gehört zu uns; KerLE im Verlag Herder, Freiburg, Wien 2002; S.17 Christa Kožic: Moritz in der Litfaßsäule. Ein Leseprojekt zu dem gleichnamigen Kinderbuch von Christa Kožic, Berlin, Cornelsen Verlag 2007; S.20/21 Jacky Gleich in Bruno Blume: Gufidaun. Martin und der Außerirdische. Berlin, Tulipan 2007; S.22/23 ProfilFoto Marek Lange, Berlin; S.24 Max von der Grün, omnibus 2006; Irina Korschunow, dtv 2008; Initiative Deutsche Sprache, Stiftung Lesen: Der schönste erste Satz. Ismaning, Hueber Verlag 2008; S.38/1 Fotolia/GTP;/2 emo-pictures; S.43 Christine Nöstlinger: Fernsehgeschichten vom Franz. Hamburg, Friedrich Oetinger Verlag 1994; S.47 Keystone/Volkmar Schulz; S.62 akg-images, Berlin/Die Brüder Jacob (im Profil) und Wilhelm Grimm. Gemälde 1855; S.65 Binette Schroeder. Aus: Der Froschkönig. Gossau Zürich, Nord-Süd Verlag 1989; S.73 Fotolia/Volodymyr Kryljuk; S.78/1 Helga Golz, Zühlsdorf;/2 Dieter Hron, Berlin;/3 NaturBild Harald Lange, Bad Lausick; /4 Hartmut Reiche, Ullsteinbild, Berlin, S.81 akg-images/Electa; S.84 akg-images/nach Dettmann: Festabend auf der Alster, 1905; S.92/1 CARO/Sorge;/2 mauritius images;/3 Corbis/Creative Image Source; S.98/99 Susann Opel-Götz. Aus: Ab heute sind wir cool. Hamburg, Friedrich Oetinger Verlag 2008; S.103/1 Stadtmuseum Berlin, Museum für Kindheit und Jugend;/2 Marion Gutzmann: Unterricht in einer 3. Klasse; S.104/105 Slg. Peter Hartmann: Porträt Wilhelm Busch; Wilhelm Busch: Max und Moritz, 5. Streich. München, Verlag von Braun und Schneider, Wilhelm-Busch-Museum Hannover; S.108 Sheffield United FC/Pressebild; S.115/116/1 Fotolia/grandaded;/2 Ralf Hübner; S.117 Astrid Lindgren: Die Kinder aus Bullerbü. Hamburg, Friedrich Oetinger Verlag 1988; S.128/1 Corbis;/2 Kuratorium Baum des Jahres;/3 picture-alliance/dpa/Wolfgang Eilmes; S.131 Erhard Dielt: Die Olchis sind da. Hamburg, Friedrich Oetinger Verlag 1996; S.137 Martin Aufmuth, Erlangen (www.co2maus.de); S.138 BUNDjugend Baden-Württemberg: www.naturtagebuch.de; S.140/141 www.blinde-kuh.de; S.142/143/1 Bildagentur Huber, Garmisch-Partenkirchen;/2 Getty Images/Stone Images/G. Brad Lewis;/3 Bildagentur Huber, Garmisch-Partenkirchen; S.144/1 Fotolia/Igor Kaliushny;/2 picture-alliance/dpa/AFP/epa;/3 picture-alliance/Photoshot/Band Photo; S.146 Mirjam Löwen, Mittweida S.147 Fotolia/Pavel Losevsky; S.148/1 Cornelsen Verlagsarchiv;/2 Random House/Bertelsmann/Sylvia Englert: Frag doch mal die Maus. Meere und Ozeane. München: cbj 2007; S.149 Cornelsen Verlagsarchiv/Hokusai, Die große Welle von Kanagawa, um 1830; S.150 Cornelsen Verlagsarchiv; S.151/1 Fotolia: Frank Eckgold;/2 Michael Stifter; S.152 NASA/JPL./Gov.; S.156/157 Stehende Sau. Aus: Sabine Latorre, Annerose Naber: Schwein. ALS Verlag; Sau mit Ferkeln. Holt Studios International, London; S.165 Kirsten Boie: King-Kong, das Liebesschwein. Hamburg, Friedrich Oetinger Verlag 1993; S.168/169 Paul Maar: Eine Woche voller Samstage. Hamburg, Friedrich Oetinger Verlag 1973; S.170 Saskia Hula: Der Lesemuffel. Oberentfelden, Sauerländer 2007; S.174/175 Collage zur Lesenacht. Marina Goldberg; Fotos: Helga Golz, Zühlsdorf; S.176/177 Franziska Biermann: Herr Fuchs mag Bücher. Berlin, Berlin Verlag 2007; S.178 Abb. 1, 2, 4, 5; Aus: Schrift. Gerstenberg Verlag, © 1993 Dorling Kindersley Ltd., London. Abb. 3; S.183 Kirsten Boie: Sommer im Möwenweg. Hamburg, Friedrich Oetinger Verlag 2006; S.185/1 picture-alliance/Helga LadeFotoagentur;/2 Fotolia/Christian Oberberger;/3 picture-alliance/dpa/Henk Wijnja R3516_Kina_28820;/4 picture-alliance/Hippocampus Bildarchiv Frank Teigler; S.190 Slg. Marion Gutzmann; S.193 BiB/DB AG